CW00407280

Taschenglück!
von Guido Heller

1. Auflage
Copyright © 2019 Guido Heller

ISBN: 9781797934693

www.hells-coaching.de

Taschenglück!

52 Ideen, um glücklicher zu sein

von Guido Heller

Gewidmet meinen lieben Kindern:
Julia & Daniel.
Ohne die Beiden ist Glück für
mich gar nicht möglich.

INHALTSVERZEICHNIS

Mit diesem Buch hältst du 52 Ideen in der Hand, die dir dabei helfen können, endlich dein Glück zu finden.

Als kleiner Tipp zu Anfang:

Die größte Wirkung erreichst du, wenn du während dem Lesen des Buches einen Stift oder Textmarker zur Hand hast, um wichtige Abschnitte zu markieren und dir Notizen zu machen!

Es ist dein Glücksbuch.
Was hältst du also davon, wenn du dieses kleine Büchlein einfach so benutzt, wie du willst?

Mir persönlich gefällt es immer sehr gut, wenn meine Bücher schon immer sehr schnell, sehr individuell bekritzelt und bemalt sind.

Vielleicht gefällt dir das ja auch und deine Bücher werden in der Zukunft immer bunter.

Viel Spaß und viel Erfolg
– *Guido Heller*

#1 DAS GLÜCKSGLAS

Was soll denn ein „Glücksglas" sein?

Gute Frage, doch rudern wir erstmal ein wenig zurück. Du kennst das doch bestimmt auch:

Es gibt so Tage, da kommt man nicht so richtig aus dem Quark. Es fängt damit an, dass man erstmal gepflegt verschläft, man findet nichts zum Anziehen, kein Kaffee mehr da, die Butter zu hart zum Streichen, die Milch für das Müsli ist sauer, der Schnürsenkel reißt, der Bus fährt vor der Nase weg... und das war auch nur die erste Stunde des Tages. *Oh je.*

Lass uns gar nicht dran denken, wie es dann den Tag über im Job weitergeht. Es kann zwar noch besser werden, aber ein glücklicher Start in den Tag sieht doch wahrlich anders aus.

Tja, muss man wohl manchmal so akzeptieren. Kommen bestimmt noch bessere Tage! Viel Glück dabei und auf zum nächsten Kapitel. Reicht dir jetzt nicht so ganz aus für einen Glücks-Tipp?

Vielleicht jetzt doch ein kleiner Ansatz für eine bessere Lösung dieses famosen Tagesstartes gefällig?

Ich hätte da eine Idee.

Such dir fürs erste ein schönes Glas in deiner Wohnung.

Egal, ob es jetzt ein Einmachglas mit Deckel, ein großes Trinkglas oder die Keksdose ist, solange dein Glückslgas durchsichtig ist, ist alles gut.

So, dann suchst du dir ein Blatt Papier, zerschneidest es in kleine Rechtecke, ungefähr so groß wie DIN A7 bis DIN A8.

Alternativ finde ich auch diese kleinen Karteikarten gut, blanko, kariert oder liniert, ist egal. Farbe geht natürlich auch. So, und jetzt fang doch mal an.

Zettel – Stift – Glück

Schreib einen Glücksmoment auf den ersten Zettel. Von irgendwann, egal ob du da noch ein Zwerg oder schon ausgewachsen warst.

Irgendetwas aus der Vergangenheit. Etwas Kleines oder Großes, ganz egal. Fang einfach an.

Ein Zettel, ein Glücksmoment.

Und dann ab in das Glas. Und dann auf zum nächsten Glücksmoment und nächsten Zettel. Gläser und Zettel sind wirklich nicht so teuer, da kannst du dir auch mal ruhig mehrere zulegen. So, und jetzt zurück zum Anfang.

Wenn du dich an den Anfang der Geschichte erinnerst, hättest du zwar wahrscheinlich genauso verschlafen, aber sobald dein Blick auf dein Glücksglas gefallen wäre und du gesehen hättest, wie viele Glücksmomente du in deinem Leben schon hattest, dann wäre der Rest des Tages wahrscheinlich direkt positiver geworden.

Was meinst du?

Ich kann mir vorstellen, dass das Spaß macht. Also fang doch einfach an, die schönen Sachen in deinem Leben aktiv wahrzunehmen und sie nicht nur in deiner Erinnerung zu speichern, sondern auch aufzuschreiben und sie dadurch festzuhalten.

Dann erlebst du es doppelt, dreifach und nichts geht verloren.

Und wenn du dann mal wieder etwas Glück oder Aufmunterung brauchst, schaust du dir dein Glücksglas an und liest ein paar der schönen Momente. Ich sage dir, danach geht es dir wieder besser. Versprochen!

Nun noch ein Tipp: Vergiss nicht, auch Fotos von den schönen Momenten zu machen. So hast du sie immer in deinem Smartphone immer dabei und kannst sie dir auch unterwegs anschauen, wenn du gerade kein Glücksglas griffbereit hast – Oder du kannst sie auch mal einem traurigem Freund oder Freundin zeigen.

Auch das kann helfen.
Einer Freundin, der ich diesen Tipp gegeben habe, hat mir vor kurzem erzählt, wie viele Gläser sie jetzt schon hat. Drei für das Glück, eines mit lustigen Situationen, eines für die Liebe, eines für das Leben. Und wie ich sie kenne, kommen da noch ein paar dazu...

Probier es mal aus!

#2 REDE ORDENTLICH MIT DIR

Wie redest du eigentlich mit dir? Wer geht denn am Besten mit dir um? Du selbst? Oder ist es eher so, dass du dein größter Kritiker bist? Und wenn ja, ist das gut?

Ich vermute, du kennst die Antwort. Die meisten von uns sind nicht wirklich nett zu sich selbst. *Sehr, sehr schade!* Und auch noch grundlegend falsch!

Überleg mal, du redest den ganzen Tag über mit dir selbst. Die meisten von uns machen das ziemlich leise, meistens lautlos für andere. Was ja auch ganz gut ist, denn was gäbe das sonst für ein Geschnatter.

Aber was redest du denn so die ganze Zeit mit dir? Redest du von dir, als ich oder als du? In welcher Stimmlage? Wie Mickey Mouse? Lobst du dich oder machst du dich selber klein? Was meine ich damit?

Wenn du dich z.B. lobst, sagst du dann zu dir selbst: „Wow, das hast du echt gut gemacht"? Das meine ich damit.
Also was erzählst du dir so?

Nicht nur in einer stillen Minute, sondern den ganzen Tag über. Zu 100% bist du da mit dir ganz alleine beschäftigt. Und was glaubt du, ist das egal, was da so in deinem Kopf abläuft? Macht es Sinn dir den ganzen Tag lang vorzusagen, was für ein kleiner Trottel du bist? Nun, du ahnst es wohl schon: Nein!

Es ist so wahnsinnig wichtig, wie du mit dir selbst umgehst. Es reicht halt nicht, nur deine äußere Hülle zu hegen und zu pflegen, viel Geld für Frisör, Maniküre und Klamotten auszugeben, sondern auch deine Seele, dein Innerstes braucht einen liebevollen Umgang, wenn nicht sogar noch viel mehr als dein Äußeres.

Mensch, überleg doch mal, was du dir da antust. Ich kenne aus meinem Bekanntenkreis so viele Menschen, die wirklich böse mit sich umgehen. *Wenn wir die Dinge hören könnten, die sie leise über sich selbst sagen, wären wir alle entsetzt.* Ich vermute, dass wären die meisten Menschen auch, wenn sie sich dessen bewusst wären.

Also, ändern wir das doch bitte ab jetzt!

Zu Anfang, hör dir einfach mal zu, was da gerade so abläuft. Es ist doch so, wir kennen uns selbst

ziemlich gut. Wahrscheinlich sogar am allerbesten. Sollten wir auf jeden Fall.
Aber jetzt ohne Quatsch: Wir sehen natürlich alle sehr gut, was wir nicht so toll machen und das ist es auch, was wir bemerken und wahrscheinlich auch für wahnsinnig wichtig halten.

Während, tja, während wir das andere, die Dinge, die wir wirklich gut machen, eventuell noch nicht mal bemerken. Ist doch irgendwie schade, oder?

Wie ist denn dann überhaupt unser Selbstbild? Und wie ist unser Außenbild, also was denken denn die Anderen überhaupt von uns?

Nun, kommen wir zurück zu dem Feuerwerk der guten Laune in deinem Kopf. Schon überprüft, was da abgeht? Verrückte Welt, oder? Was machen wir denn da am Besten? Ich weiß es und du weißt es auch.

Nachdem dir jetzt bewusst geworden ist, wie schön dieses Freuden-Feuerwerk in deinem Kopf ist und du hoffentlich entschieden hast, das ab jetzt öfter spüren zu wollen, können wir doch genau da starten. Lege dieses Verhalten ab!

Klingt schwer, aber dank einiger Beispiele, die du in diesem Buch finden wirst, wissen wir, dass Veränderung ganz einfach sein kann und alles Gute bereits in uns ist.

Also, starten wir jetzt zusammen!

Nachdem wir geklärt haben, dass böse Gedanken in unserem Kopf nicht gut und gute Gedanken in unserem Kopf toll sind, ändern wir es dahingehend.

Ertappst du dich dabei, dass du nicht nett mit dir selbst über dich sprichst, dann lächele. Lächele über diesen dummen Gedanken, weil er dir doch eh nichts bringt, sondern dich runter zieht, dich mürrisch macht. Außerdem sorgen negative Gedanken für Falten...

Also nachdem du jetzt schon einmal lächelst, macht es doch mehr Sinn, dir darüber klar zu werden, dass es doch besser ist, einfach weiter zu lächeln. Und das, worüber du gerade so unzufrieden mit dir selbst warst, doch eigentlich gar nicht so schlimm ist.

Denn es kann doch nicht wahr sein, dass du es zulässt so mit dir selbst zu reden. Sogar so schlecht zu reden, wie du es keinem anderen Menschen gestatten würdest.

Das kann doch wohl nicht wahr sein! Es kann sein, dass es bei dir etwas mühsamer wird, diese negativen Gedanken über dich abzustellen und stattdessen zu lächeln.

Vielleicht gelingt es aber auch so richtig gut. Je nachdem, wie lange du schon kritisch mit dir selbst bist, bedarf es eben etwas mehr Übung.

Aber du schaffst das!

Ich weiß auch, dass das bei manchen etwas mühsamer wird. Aber das liegt eben einfach daran, dass man das schon so lange gemacht hat und manche sind ja auch fast perfekt darin, sich nieder zu machen.
Aber genau das gibt die Hoffnung, dass wir alle auch darin gut werden können, nett zu uns zu sein. Manche müssen halt ein wenig mehr und länger üben.
Wir haben doch alle so vieles, was uns gut gelingt, erfreuen wir uns doch daran! Das macht mehr Sinn, oder? Passe auf dich auf und dadurch wird so vieles leichter für dich!

#3 SCHAUE DIR EINEN SONNENUNTERGANG AN

Ach ja, so ein schöner Sonnenuntergang. Das hat doch schon etwas.

Wann hast du das denn das letzte Mal gemacht? Dir mal so mal ganz bewusst die Zeit genommen und schön entspannt zugeschaut, wie die Sonne untergeht. Ich weiß ja nicht wo wohnst und lebst, aber siehst du nicht manchmal, wenn du von der Arbeit nach Hause fährst, so in der Ferne, wie das aussehen könnte?

Ich vermute ja, dass wir alle des Öfteren so ein wenig die Sonne sehen, wie sie untergeht.

So ganz aus der Ferne und wir aber gerade dann mal wieder keine Zeit haben, weil wir ja schnell nach Hause müssen, um unsere Kinderchen zu versorgen, die spannende Serie im Fernsehen zu schauen, einfach zum Hobby möchten oder um sonst irgendwelche enorm wichtigen Sachen zu unternehmen.

Und schon wieder haben wir etwas „Wichtigeres" getan, als an uns zu denken und haben uns vielleicht sogar selbst wieder dabei vergessen.

Ist das wirklich clever?

Ich vermute wir wissen es beide schon: Nein.

Wie soll uns das Glück überhaupt finden, wenn
wir dauernd gestresst durch Leben hetzen?
Wird bestimmt schwer. Nehmen wir uns jedoch
die Zeit, mal kurz aussteigen: unser Leben
anhalten, dann aus dem Auto aussteigen und
einfach schön den Sonnenuntergang angucken.

Ja, dann findet uns das Glück auch.
In solchen Momenten die Gedanken anhalten
und ein wenig vor sich hinsummen. Was kann
denn dann passieren? Genau, das Glück findet
dich und es bleibt dann etwas bei dir, vielleicht ja
auch für eine längere Zeit.

Richte dir das doch auch als ein kleines Ritual
ein. Und eventuell steigerst du das auch sogar
noch etwas. Vielleicht machst du das sogar mal
mit deinem Lieblingsmenschen oder doch lieber
alleine. Jeder wie er mag.

Darüber, wie du deinen Lieblingsmenschen
finden kannst, sprechen wir im Kapitel #5.

Ach, es wird herrlich und bestimmt ein fester
eigener Teil deines Glückes. Und wenn du dir

jetzt auch noch mal überlegst, es gibt auch noch
Sonnenaufgänge.

Potzblitz, das ist ja locker eine Verdoppelung der
Glücksmomente. Du musst halt nur etwas früher
aufstehen...

Auch nicht das Schlimmste.

Und übrigens, wie gefällt dir denn der Mond?

#4 DER KÜRZESTE WEG ZWISCHEN ZWEI MENSCHEN IST EIN LÄCHELN

Na, das lässt sich wohl einfach machen. Überleg dir doch einfach mal, was das für Vorteile haben kann. So wirkst du zum Beispiel direkt sympathischer wenn du lachst, als wenn du grummelig daher kommst.
Und sympathischer ist doch besser, oder?

Du lernst leichter die richtigen Menschen kennen und das macht ja vieles auch wieder etwas leichter. Bestimmt auch dein Leben und das macht was? Richtig, ein glücklicheres Leben!

Was ist mit Flirten? Na, mit dem richtigen, ehrlichem Lächeln klappt auch das besser, macht Freude und glücklich, wenn man des öfteren angeflirtet wird, oder schön anflirtet. Aber nicht nur das...

Lächeln ist gesund, Lächeln macht schlanker, Lächeln setzt Endorphine und Serotonin frei. Zudem senkt es den Blutdruck und macht einfach nur glücklich. Lächeln kann sogar bei Problemen helfen!

Bei Problemen mit anderen Menschen kann ein kleines Lächeln schon helfen, dass die Situation sich etwas entspannt.

Denkt doch daran, wie entwaffnend das Lächeln ein kleinen Kindes ist, wenn es dich von unten so nett anschaut. Kann man da noch böse sein? Ich vermute eher nein.

Oder bei den eigenen Problemen kann es helfen, sich selbst im Spiegel anzulächeln.

Ausprobieren! Stell dich alleine vor einen Spiegel, schau hinein, erst böse, grimmig und bewegt, dann ganz zaghaft eure Mundwinkel nach oben, vielleicht zeigst du auch etwas Zähne und denkst an den Spruch „Lächeln ist die eleganteste Art die Zähne zu zeigen". Und jetzt halte das mal solange, wie es geht. Und auch hier gilt, viel hilft viel.

Versuch doch einmal selbst am Schreibtisch, still vor dich hin zu lächeln. Selbst wenn es sich zu Anfang ein wenig blöd anfühlt. Ausprobieren und, zack, es geht dir schon wieder etwas besser. Lächeln hält jung und das, obwohl durch Lachen eventuell Lachfalten entstehen. Obwohl das eigentlich ein wenig Quatsch ist. Lächeln trainiert sogar eher deine Gesichtsmuskeln.

Und das macht dich auch jünger, weil du dich besser fühlst, das auch ausstrahlst und somit auch direkt sympathischer wirkst.

Schön, nicht wahr?

Wie sieht denn das perfekte Lächeln aus? Das perfekte Lächeln darf Forschern nach nicht zu hoch und nicht zu breit sein. Es dürfen nicht zu viele Zähne gezeigt werden, aber es darf auch nicht zu schwach ausfallen.
Ein schmales oder nur halb gehobenes Lächeln wirkt unecht, wenn nicht sogar hämisch. Und das darf nicht passieren, außer es ist gewollt. Ein zu strahlendes Lächeln kann ebenfalls aufgesetzt wirken und durch zu viel Zahnpartie sogar aggressiv wirken. So ein klassisches Affen-Lächeln. Auch nicht gut.

Ein Lächeln wirkt dann am besten, wenn es ehrlich wirkt. Und wann klappt es am besten? Du ahnst es schon, dann wenn es auch ehrlich gemeint ist. Und wann klappt das am besten? Wenn wir glücklich sind. Also auch hier schließt sich schon wieder ein kleiner Kreis.

Schon schön, oder?

#5 SUCHE DIR DEINEN LIEBLINGSMENSCHEN

Was bringt dir ein Lieblingsmensch und wieso ist er so wichtig in deinem Leben?
Die Überlegung fängt ja schon damit an, was so ein Lieblingsmensch eigentlich ist.
Nimm dir jetzt mal etwas Zeit, hol dir einen Stift und Papier – zur Not kannst du auch das Buch hier nehmen – und beantworte die folgenden Fragen:

- *Wie sieht er aus?* Ist er eher kleiner oder größer als du?

- *Was mag er gern?* Mag er Pommes oder lieber Frikadellen?

- Welchen Charakter hat er? Ist er lustig oder nachdenklich, ist er freundlich oder blöd?

- Auf welche Filme steht er? Mag er Liebesfilme oder eher Actionfilme?

- Wie alt ist er? Ist er jünger oder älter als du?

- Was macht dieser Lieblingsmensch denn so beruflich?

Und so weiter, und so weiter. Schreib einfach alles auf, was deinen Lieblingsmenschen so ausmachen würde.

Erledigt? Okay, so weit so gut. Und nun, da du ja jetzt schon eine ziemlich genaue Vorstellung von diesem Menschen hast, können wir ja mal gemeinsam überlegen, wo du ihn finden kannst.

Was hat er denn für Hobbies?

Und damit geht es gedanklich genau in die richtige Richtung. Jetzt kannst du dich genau in diese Richtung bewegen. Finden tust du dieses ganz besondere Menschenkind wahrscheinlich genau da: **Bei dem, was er oder sie am liebsten macht.**
Informiere dich doch mal so ein wenig in die Richtung, vielleicht ist es ja ein Minigolfer. Und dann ist es schon ganz ok, wenn du dich schon ein wenig mit der Materie auskennst. Das gleiche gilt natürlich auch für die anderen Themen.

Nun, und jetzt?
Dein Lieblingsmensch wartet vielleicht auf dich, vielleicht aber auch nicht. Was denn dann? Dann kann es etwas länger dauern, aber der muss dich

ja auch klasse finden. Geduldig zu sein, hilft da wohl auch eine ganze Menge.

Glücks-Tipp: Gehe dahin, wo Menschen sind, die du toll finden könntest. *Ist das alles noch zu kompliziert?*
Dann kannst du dich jetzt ganz entspannt zurück lehnen, denn ich habe noch eine weitere tolle Möglichkeit in petto.
Interessiert, an der leichten Lösung? Bestimmt. Lass dich doch einfach finden. Zu einfach?

Naja, irgendwie schon, aber das ist ja immer eine Einstellungssache. Was meinst du denn, wozu sich dein Lieblingsmensch hingezogen fühlt? Gleich und gleich gesellt sich gerne, nur mal so als Idee. Kann es vielleicht sein, dass du bisher noch nicht deinen Lieblingsmenschen gefunden hast, weil er dich nicht finden konnte?
Oder weil du nicht interessant genug warst?

Verstehe mich jetzt nicht falsch. Du musst dich nicht als Clown verkleiden, wenn du einen amüsanten und lustigen Lieblingsmenschen suchst. So etwas schreckt vielleicht sogar ab, nicht jeder liebt Clowns.
Aber du wirst ihn auch nicht finden, wenn du dich zu Hause versteckst.

Also, werde dir klar darüber, was du willst und was du suchst.

Wenn du dir relativ sicher bist, was du suchst, dann bewege dich in diese Richtung oder entscheide, das du dich lieber finden lassen willst.

Und mach dich interessant für deinen Lieblingsmenschen und gib ihm die Chance, dich zu finden, indem du vor die Tür gehst.

Stelle dir doch einfach schon mal vor, wie schön das ist, wenn ihr euch gefunden habt.

Er oder sie dann da ist und welche schönen gemeinsamen Moment ihr erleben werden. Vertraue in dich und das Glück, das funktioniert schon.

#6 SEHE DICH IN DER SONNE

Jetzt müssen wir ja nicht alle die Sonnenanbeter sein. Soll ja auch übrigens gar nicht so gesund sein, wie ein Brathähnchen auszusehen. Frage mal einen Vegetarier. Aber Spaß bei Seite.

Damit ist ja auch gar nicht der Sonnenverwöhnte, nach jedem Sonnenstrahl haschende Mensch gemeint, sondern es geht um etwas ganz anderes.
Wie fühlst du dich emotional besser?
Wenn du im Keller sitzt, wo es dunkel, muffig und feucht ist? Oder ist es schöner in der hellen Sonne, wo es angenehm warm ist. *Nicht zu heiß, nicht zu kühl, sondern eben genau richtig.*
Und das passt doch auf so viele Situationen. Im Dunkeln sieht man schlecht und wird auch schlecht gesehen, genauso wie die Katzen, die Bekanntermaßen alle im Dunkeln grau sind.

Wenn du dir deine Probleme und Sorgen herbei denkst, dann wird es wohl auch genau so kommen. Leider. Umgekehrt klappt es allerdings genau so gut. Das nennt man übrigens eine sich selbst erfüllende Prophezeiung. Probiere es aus. Such dir ein Ziel.

*Wie soll es stattdessen sein? Was ist die
Alternative? Was hättest du gerne?*
Überlege dir, wie es sein soll und wie es am
besten ist. Hier hilft natürlich wieder der
berühmte Zettel. Oder du kritzelst es wieder
einfach in dieses Büchlein rein. Vielleicht
möchtest du deine Gedanken auch einfach in
deinem Buch lassen.

Wenn du das Schöne, Ideale für dich
aufgeschrieben hast und dadurch nun ein Ziel
hast, dann stelle dir doch bitte auch vor, wie
schön es dann dort ist und fokussiere dich doch
genau auf dieses Erlebnis.
*Wo hältst du dich auf? Was tust du? Wer ist bei
dir? Wer bist du dann?*
Je öfter du es dir vorstellst, desto eher wird es
genauso passieren. Vertraue dir **und dem
Glück in dir.** Vielleicht nutzt es dir ja auch, es
dir zu malen, also auszumalen, was denn dann
alles da ist. Wie es riecht, wie es schmeckt, wie es
sich anfühlt, wie es aussieht, wie es sich anhört.
Einfach wie es ist, wenn du deinen eigenen
Idealzustand erreicht hast.
Also wie du aussiehst, wenn du in der Sonne
stehst.

#7 SCHLAFE GENUG, ABER NICHT ZU VIEL

Erholsamer Schlaf. Wie viele Stunden brauchen wir denn eigentlich wirklich an Schlaf um morgens fit aufzustehen.
Um voller Elan aus dem Bett zu springen und den Tag voller Energie durchzustehen?
Ich habe es für mich herausgefunden.

Es ist nicht so wenig und morgens vor 6 Uhr aufstehen, macht mich nicht wirklich glücklich. Manchmal muss das zwar sein, und dann ist es auch nicht so schlimm, aber auf Dauer ist das nichts für mich.

Das ganz frühe Aufstehen habe ich mit einer 21-Tage-Challenge ausprobiert und es war nicht gut. Unglücklich hat es mich zwar nicht gemacht, aber fitter wurde ich nicht damit. Ich habe für mich einen kleinen Trick rausgefunden. Mein Wecker klingelt zum Üben zwar weiterhin das erste Mal um 6 Uhr, aber danach kann ich in der Regel weiter schlummern, um dann meinen Real-Aufweck-Termin zu erleben.

Mir hilft es, vielleicht auch dir.

Aber wie viele Stunden brauchst du denn so?
Nach neuesten Untersuchungen von der
angesehenen Universität von Kalifornien in San
Diego sind es 7 Stunden.

*Kannst du damit leben? Ist es auch deine ideale
Schlafenszeit?*
Hartnäckig hält sich ja das Gerücht, dass die
optimale Schlafdauer 8 Stunden betragen soll.
Der Großteil unserer Bevölkerung schläft jedoch
nur zwischen 6 und 7 Stunden pro Nacht.
Das könnte ja zu wenig sein.

*Und wie geht dir, wenn du unausgeschlafen
bist? Voller Elan und fit wie ein Turnschuh?*

Ich glaube nein.
Aber auch hier ist die Lösung zum Glück,
eigentlich wieder ganz einfach. Probier es doch
einfach mal an drei freien Tagen aus.
Geh ins Bett, wenn du müde bist und steh auf,
sobald du wach wirst. Dann sagt dein Körper dir
quasi von selbst, wie viel Schlaf er braucht.
Selbst mein Vater erzählte immer wieder, wenn
wir als Teenager viel zu lange im Bett lagen:

„Man kann Schlaf nicht nachholen und man
kann auf gar keinen Fall vor schlafen".

Uns war das damals nie klar und geglaubt habe ich es auch nicht. Das scheint aber sowieso die Eltern-Kind-Dynamik zu sein.

Das mit den sieben Stunden scheint schon irgendwie richtig zu sein. Deswegen gilt: Auch an freien Tagen solltest du nicht viel mehr schlafen, sonst reißt du deinen Körper immer wieder aus seiner Routine raus.
Und Routinen sind erstaunlich wichtig für dein persönliches Glück.
7 Stunden, plus minus. Da haben wir ja schon mal einen groben Richtwert. Rechne es dir aus, wann musst du ins Bett, damit du genug Schlaf bekommst und dein Körper sich optimal erholen kann.
Altersgerecht, also so zwischen 18 und 66 Jahren sind die 7 Stunden toll, wenn du älter bist reichen vielleicht auch schon 6-7 Stunden. Schau selbst mal, was dir am besten tut.

So einfach? Schön wäre es. Leider ist es ja bei den meisten nicht so, dass sie sich einfach hinlegen und dann einschlafen. Kenne ich.
Zum Glück gibt es direkt ein paar Dinge, die du ausprobieren kannst, damit das einschlafen besser klappt:

- Vor dem ins Bett gehen ein Glas Milch zu trinken
- 30 Minuten vorher Smartphone, Tablet und Elektrogeräte vermeiden
- An schöne Dinge denken (Urlaub, deine Lieben, deine glückliche Zukunft)
- Meditieren

Absolute Ruhe ist natürlich auch sehr empfehlenswert. Vielleicht hilft dir auch eine Schlafmaske und Ohrenstöpsel.
Oder entspannende Musik oder ein Hörspiel, um deine Gedanken von möglichen Sorgen abzulenken. *Es darf nur nicht zu spannend sein.*

Schlaf ein in der Sicherheit, dass du genau das Richtige machst und auf einem sehr guten Weg bist. Wenn du dir vor dem Einschlafen „Morgen wird ein toller Tag" denkst, kann das auch sehr, sehr hilfreich sein.

Und jetzt stell dir doch einfach mal vor, was passieren müsste, dass du morgens einfach so aus dem Bett springst.

Etwas, das dich abends vor lauter Freude kaum einschlafen lässt, sogar nachts in deinen Träumen begleitet und dann beim Aufwachen dein erster Gedanke ist. Etwas, was in dir für Energie und Spannung sorgt, woran du den ganzen Tag arbeiten könntest.

Immer wieder und jeden Tag.

Würde es dich interessieren, so etwas zu haben?

Bestimmt. Und ich bin mir sicher, wir finden da einen Weg für dich.

#8 UMGIB DICH MIT FREUNDEN

Was gibt es denn Schöneres, als einen guten
Freund zu haben?
So einen richtig tollen, der jeden Quatsch
mitmacht, dich versteht, unterstützt und einfach
dann für dich da ist, wenn du ihn brauchst.

Einen, der dir Flausen in den Kopf setzt oder der
dir den Kopf wäscht und dich in die richtige
Richtung schiebt, wenn es sein muss. Der dir
beim Umzug hilft. Den du immer, und ich meine
wirklich immer, anrufen kannst. Der dich
betrunken aus der Kneipe holt, oder mit dir zum
Trinken rein geht. Ach ja, das ist doch toll.

Und wenn man davon sogar zwei hat, oder drei,
oder sogar ganz viele, na, das wäre doch super
klasse und wir wären doch alle super glücklich,
oder? Tja, wenn wir das so toll finden, wieso
haben wir das denn nicht alle?
Eine schöne Frage, finde ich.
Also mir persönlich wäre das zu anstrengend.
Dir geht es da ja vielleicht ähnlich.
So viele Freunde? Man käme ja gar nicht mehr
aus dem Feiern raus und in der Kneipe wäre man
Stammgast.

Man müsste jedes Wochenende entweder selbst umziehen, oder jemand anderem helfen, Müsste permanent dafür sorgen, dass man genug Sorgen hat, über die man dann reden kann. Und jetzt stell dir bitte vor, man könnte das ja auch nicht immer nur annehmen, sondern müsste ja auch Gegenleistungen erbringen.

Also genau so zuhören, Sorgen erkennen, Umzüge bewerkstelligen, trinken, essen, kochen... *Oh mein Gott*, was für ein Stress.
Das soll eine Lösung für das Glücklichsein sein?
Na, da habe ich aber meine Zweifel.

Sollten wir da nicht besser etwas unterscheiden?
So ein *Best Friend* ist ja okay, vielleicht auch zwei. *Aber mehr...*

Reicht es da denn nicht auch, wenn man so ein paar Leute kennt, die man ganz gut leiden kann. Mit denen man gerne zusammen ist und lacht und denen man, wenn es nicht zu häufig ist, auch mal beim Umzug hilft?
Meiner Meinung nach schon!

Wie kommt man denn an diese netten Leute?

Ich habe da eine Idee. Und irgendwie wirst du erkennen, es dreht sich doch alles im Kreis.

Bin ich nett und freundlich, ggf. auch noch höflich und aufmerksam, ziehe ich genau die Art von Menschen an.

Will ich also gerne darten oder Federball spielen, dann muss ich dahin gehen, wo man das macht. Woher soll denn sonst meine Zielgruppe wissen, was ich will, mir vorstelle und überhaupt mag?

Na, und das macht doch auch Spaß.

Und Spaß und das Glücklichsein scheint ja doch einen gewissen Zusammenhang zu haben.
Da kann man auch mal in Ruhe drüber nachdenken.

Aber ausprobieren hilft ja bekanntlich auch.

#9 LEG DIR EINEN HUND, EINE KATZE, EINE MAUS ZU... ODER LEIH DIR MAL EIN TOLLES TIER AUS

Wenn du schon ein Tier dein Eigen nennen kannst, dann weißt du was das bedeutet.
Wenn nicht, dann wirst du es bestimmt gleich erkennen.

Was ist denn so wichtig daran einen pelzigen Freund zu haben?

Erstmal: Es soll auf gar keinen Fall bedeuten, dass du direkt in ein Tierheim läufst und dir einen Fiffi oder eine Samtpfote holst und dann *puff* glücklich bist.
So einfach geht das leider dann doch nicht.
Prüfe bitte erstmal, ob du vielleicht allergisch gegen deinen neuen Freund wärst. Das ist ganz wichtig und es gibt da nicht Schlimmeres als wenn du das Fellknäuel wieder zurückbringen musst, nur weil du dann doch allergisch dagegen bist, oder dein Vermieter es dir nicht erlaubt. Wenn du das bis hierhin alles geklärt hast und du auf einmal eben auch feststellst, ja, das ist eine tolle Sache. Na dann mal los.

Was wäre denn dein Wunschtier?

Meines ein Hund. So ein mittelgroßer, freundlicher, lustiger, treuer Vierbeiner. Nichts reinrassiges, lieber so etwas gemischtes. Einfach ein toller Kumpel, der morgens, mittags und abends gerne eine große Runde mit mir spazieren geht. Sich wie Bolle freut, wenn wir uns wieder sehen und ich ihn füttere, streichele und gut behandle.

Der mir geduldig zuhört, wenn ich ihm meine Pläne erzähle und geduldig unterm Schreibtisch wartet, wenn ich eine Geschichte schreibe, die mal wieder etwas länger dauert.

Na, das wird doch eine tolle Sache. Ich weiß sogar schon, wie er heisst. Vincent, wen es interessiert. Im Moment ist er noch nicht da, aber bald wird es so sein.

Ach, ich freue mich!

Wenn das dir hier jetzt nicht passt, dann springe bitte geschmeidig zum nächsten Glücks-Punkt weiter, ich habe da noch ein paar Ideen!

#10 LASS DIE VERGANGENHEIT LOS

Eine schöne Idee. „Lass die Vergangenheit los" oder besser „lass deine Vergangenheit los".

Belastet sie dich? Deine Vergangenheit? Gibt es da etwas Kleines oder Großes, das dich einfach verfolgt und nicht richtig loslässt? Ich kann mir vorstellen, ja.

Möchtest du es denn loslassen? Wenn ja, habe ich da einen Weg für dich.

Starten wir mit ein paar Fragen, die in meinem Kopf herumgeschwirrt sind, als ich mich mit dem Thema beschäftigt habe.

Bestimmt meine Vergangenheit meine Zukunft? Kann ich mich von meiner Vergangenheit lösen, um dann in der Zukunft ganz anders zu sein? Oder bereits in der Gegenwart ganz anders zu sein? Bestimmt meine Vergangenheit mein ganzes Leben? Kann ich meine Vergangenheit verändern, um in der Zukunft doch eher besser zu sein? Was hilft es mir, in der Vergangenheit verhaftet zu bleiben? Was wäre, wenn ich meine Vergangenheit verändere? Geht das überhaupt?

Was hilft es dir, wenn du die Fehler, die du in der Vergangenheit gemacht hast immer weiter mit dir herum trägst und sie immer und immer wieder neu durchlebst? Und immer wieder von ihnen beeinträchtigt wirst?

Ich bin der Meinung: **Es bringt dir nichts**.

Als kleine Zwischeninfo: Du handelst immer nach deinem besten Wissen oder Gewissen, das du zu dieser Zeit hattest! Und hinter jedem Verhalten steckt irgendeine positive Absicht. Also solltest du dir nicht zu große Sorgen machen, wenn du Entscheidungen von früher bereust.

Nun, machen wir doch dazu mal zusammen eine kleine Übung.

Erinnere dich an eine blöde Situation oder Gegebenheit aus deiner Vergangenheit, die du heute anders machen würdest. Ist dir schon etwas eingefallen?

Der Einfachheit halber, nehmen wir einfach ein Beispiel aus meinem Leben.

Es spielte sich beim Buchhändler meines Vertrauens ab und liegt bereits ein paar Jahre zurück.

Ich habe mir nach langem Stöbern ein Buch ausgesucht und begebe mich so langsam zur Kasse, an der es schon ziemlich voll war. Oder die Buchhändler viel Zeit hatten, wer weiß das schon so genau. Durch eine elegante Bewegung stand ich auch nicht mehr an hinterster Stelle der Schlange. Wie ich das gemacht habe, überlasse ich eurer Fantasie.

Nun, aufgrund meiner doch ziemlich guten Erziehung durch meine Eltern, regte sich sehr schnell mein schlechtes Gewissen. Daher schaute ich so über meine Schulter auf die hinter mir stehende Dame, die mich unverschämter Weise auch noch anlächelte.

Das schlechte Gewissen entwickelte sich rasend schnell zur Größe eines ausgewachsenen afrikanischen Elefanten und ich stammelte: „Oh, Entschuldigung, waren sie etwa vor mir dran?"

Tja, als Antwort lächelte sie einfach freundlich weiter, sagte:

„Nö, nö. Alles okay, sie scheinen ja fürchterlich wenig Zeit zu haben".

Hm, blöd gelaufen. Aus der Nummer kam ich so einfach raus nicht mehr heraus. Noch blöder war, dass es sich bei der Dame um eine Kölner Schauspielerin handelte, die ich höchst attraktiv und ansprechend fand. *Na, wenn es mal läuft.* Oh Gott, war mir das peinlich.

Ich bezahlte mein Buch, lächelte freundlich, verabschiedete mich aus dem Buchladen und ging meiner Wege. Seit diesem Tag grüßt mich der Buchhändler auch immer ziemlich süffisant grinsend. Nun, wie geht es mir seitdem? Blöd war es ja schon.
Wie kann ich das jetzt als Beispiel nutzen?
Die Erinnerung an die Situation lebte ja noch weiterhin in mir, und beeinträchtigte mich, wenn auch in geringer Form. Immerhin erinnere ich mich noch Jahre später an die Situation.

Was wäre denn besser gewesen?
Übrigens lebt dieses Buch von Fragen, die du für dich beantworten darfst, fällt mir gerade auf.
Es wäre doch besser gewesen, wenn ich mich brav in der Schlange eingeordnet und entdeckt hätte, dass mein Jugendschwarm vor mir steht.

Dann hätte sie sich bestimmt zu mir umgedreht
und meinen guten Buchgeschmack bemerkt.
Wir wären ins Plaudern gekommen und wären
vielleicht Freunde fürs Leben geworden.
Das wäre doch viel schöner gewesen!
Und wenn ich in an diese Situation denke,
kann ich darüber lächeln und fühle mich nicht
wie ein Idiot.

Was meinst du ist besser?
Erinnere dich nochmal an deinen Fauxpas aus
der Vergangenheit. So, und jetzt stellst du dir
vor, wie es wäre, wenn du so gehandelt hättest,
wie du heute handeln würdest.
Was löst das in dir aus? Ein besseres Gefühl?
Macht es dich sicherer, dass du in Zukunft besser
handeln wirst?
Ich glaube, ja!

Hier in diesem Buch können wir da natürlich
(leider) keinen genau auf dich zugeschnittenen
Lösungsweg finden, dafür müssten wir
persönlich reden und dafür biete ich auch
persönliche Gespräche an.
Nutze bitte dafür meinen Kontaktmöglichkeiten,
die du am Ende des Buches findest, falls es dich
interessiert

#11 TRINKE GENUG

Man glaubt es kaum, aber auch das gehört zum Glück dazu. Machen wir uns doch kurz bewusst, dass es leider nicht überall so ist.

Ein wahrer Luxus, dass man an den Wasserhahn gehen und einen Schluck Wasser trinken kann.

Aber bei uns ist es so, was ja gut ist und wohl hoffentlich auch so bleibt.

Nun, was ist denn genug?
2-3 Liter pro Tag. Am besten stilles Wasser, also ohne Kohlensäurezusatz, nicht zu kalt, am besten lauwarm. Vielleicht auch mit einem Spritzer echten Zitronensaft für das Vitamin C, kein Konzentrat.

Aber wieso denn überhaupt?

Damit du gesund und fit bleibst natürlich!

#12 LIEBE DEINEN JOB

Was gibt es denn Befriedigenderes als einen Job zu haben, der dich glücklich macht, erfüllt, dir Spaß macht, dich ausfüllt und einfach nur toll ist?
Na, mir fallen da doch noch ein paar andere Sachen ein, aber nichts desto trotz, ist es natürlich wichtig.

Wenn du dir so vorstellst, wie viel Spaß und Freude du in deinem restlichen Leben haben wirst, aber Bauchschmerzen bekommst, sobald du daran denkst zur Arbeit zu gehen, stimmt etwas definitiv nicht.

Es bringt auch nichts, wenn du abends nicht einschlafen kannst oder sogar Angst davor hast, am nächsten Tag wieder zur Arbeit geht, obwohl der Rest des Lebens eigentlich schön ist.
Das ist so wie ein Auto, wo nur drei Reifen in Ordnung sind und der vierte völlig zerfleddert mitgeschleift wird.

Also, was tun? In dem Beispiel mit dem Auto würdest du den Reifen wechseln, oder? Und in dem Beispiel mit dem Job?
Deinen Job wechseln?

Klingt dir jetzt zu einfach?

Aber es nützt doch nichts.
Klar, hast du die Möglichkeit mit nur 3 Reifen zu fahren, dich zu arrangieren. Klar, kannst du einfach das Beste daraus machen. Klar, ist ja nicht alles schlecht, aber es ist doch dein Leben. Und du hast wahrscheinlich kein zweites im Kofferraum.
Überlege dir doch bitte folgendes:
Macht es Sinn, sich weiter zu quälen?

Kommst du auch ohne deinen Job klar? Hast du genug gespart, um einfach davon zu leben?
Nun, die meisten wohl noch nicht und jetzt wird es zu einer interessanten Aufgabe und Herausforderung. Aber es ist machbar.
Wenn dich deine berufliche Situation krank macht, musst du es ändern. So einfach ist das.
Überlege dir aber bevor du deine Kündigung abgibst, woran es liegen kann. Und was besser wäre. Die Zeit musst du dir schon nehmen.
Ist Weglaufen denn die Lösung?
Bevor es dich krank oder weiter krank macht, ja. Aber vielleicht reicht auch eine Lösung in kleinen Schritten.
Notiere dir erstmal, wohin du willst. Überlege dir was besser ist für dich, welche Aspekte aus

deinem jetzigen Job „rettenswert" wären und
dann „gehe" genau in diese Richtung.

An einem Beispiel:
Dein Job als Kellner gefällt dir nicht und du
willst lieber Blumenhändler werden? Welch
schöne Idee. Dann arbeite doch an deinem freien
Tag einfach mal für ein paar Stunden bei einem
Blumenhändler. Die freuen sich bestimmt über
etwas Hilfe.

Versuch das bitte erstmal, bevor du deinen Job
hinschmeißt. Ich weiß, es sagt sich so leicht, aber
überlege dir bitte, was die Alternative ist.
Vielleicht stellst du ja auch fest, dass das Dasein
als Blumenhändler gar nicht so schön ist und das
Leben eines Buchhändlers viel schöner ist. Wer
weiß, wer weiß. Einfach mal machen und das gilt
ja auch für vieles weitere.

Vielleicht stellst du ja auch dadurch fest, dass
dein jetziger Job gar nicht so schlimm ist.
„Tue das, was du liebst, und du wirst niemals
wieder arbeiten müssen."

Oder so ähnlich.

#13 WERDE ZUM KUSCHELBÄR ODER ZUR SCHMUSEKATZE.

Der Faktor körperliche Nähe ist nicht zu unterschätzen, sehr wertvoll und wichtig für das Glücksgefühl. Nicht nur weil auch noch das Kuschel- und Glückshormon Oxytocin ausgeschüttet wird, sondern auch wichtig für deine Gesundheit ist, da es das Immunsystem stärkt. Und das Ganze hat mindestens einen Riesenvorteil: Man ist dafür nie zu dünn oder zu dick, zu klein oder zu groß, zu alt oder zu jung, zu ungelenkig oder zu beweglich, also fallen diese ganzen Ausreden oder Entschuldigungen einfach weg.

Und es wird noch besser, es gibt sogar schon ein Kuschelsutra.

Das googelst du aber bitte lieber selbst.

Es gibt sogar schon professionelle Kuschler. Also vielleicht ist das ja auch noch ein neuer Beruf für manche Leser und Leserinnen.

Zum Kuscheln gehört nach der Definition auch das Händchenhalten. Hände sind halt nicht nur zum Streicheln da. Man kann sich auch gut aneinander festhalten.

Vielleicht kombinierst du Kuscheln auch mit ein wenig reden. Nichts Weltbewegendes, einfach etwas entspanntes und den Kuschelpartner etwas am Leben teilhaben oder sich einfach mal etwas erzählen lassen.

Vielleicht auch einfach eine kleine Geschichte aus dem Leben, der Vergangenheit, oder Träume von der Zukunft.

Es soll auf jeden Fall für beide ein schönes Erlebnis sein. Und auch das Kuscheln kann geübt werden und dann wird es wohl immer toller.

Wenn du noch ein paar Gründe für das Kuscheln brauchst, gerne!
Kuscheln ist ein menschliches Grundbedürfnis. Schon im Bauch unserer Mutter werden wir umsorgt, gehalten und behütet.

Zufall oder nicht, der Weltknuddeltag fällt auf die in der Regel kälteste und dunkelste Jahreszeit – es ist der 21. Januar.

Kuscheln stärkt das Herz-Kreislauf-System. 10 Minuten Händchen zu halten senkt den Pulsschlag und den Blutdruck, sogar langfristig. Cortisol wird abgebaut, Dopamin und Serotonin werden erhöht.

Also alles klasse.

Kuscheln ist also eines der besten Mittel gegen Stress.

- Kuscheln kann bei Allergien helfen, da Cortisol abgebaut, was teilweise dafür verantwortlich ist.
- Kuscheln erzeugt ein Gefühl von Geborgenheit und Sicherheit.
- Kuscheln und Umarmungen reduzieren die Angst.

So, und jetzt kommt noch ein super Tipp, wenn gerade kein Kuschelpartner, treuer Hund, oder Schmusekatze zur Hand ist:

Ein Teddybär kann das Ganze auch aushalten. Oder für die ganz coolen hier, es gibt auch kuschlige Seitenschläferkissen.

#14 LERNEN MACHT GLÜCKLICH

Nun, das kommt wohl immer darauf an,
wen wir fragen.
Der 12-jährige, der kurz vor seinem schlecht
vorbereitetem Referat steht, wird wohl eine
andere Antwort parat haben, als viele andere.

Fragen wir jedoch den Jungen, der nicht in
die Schule gehen darf, weil seine Eltern das
Schulgeld nicht bezahlen können, wäre er wohl
ziemlich froh, wenn ihm das Lernen ermöglicht
werden würde.
Aber verlassen wir doch einfach mal diese
dramatischen Gedanken und wenden uns dem
alltäglichen zu.

Worauf will ich hinaus?
Wir kennen doch alle das Gefühl, wenn wir eine
neue Aufgabe haben, bei der wir (noch) nicht so
recht wissen, wie alles funktioniert.
Zum Beispiel im neuen Job, wo auch nach zwei
Wochen noch nicht so klar ist, ob es nicht doch
ein Fehler war, ihn überhaupt anzutreten.
Aus welchem Grund auch immer. Blöde
Kollegen, eine längere Anfahrt als erwartet, oder
eben auch, dass das Aufgabengebiet, welches in

dem Vorstellungsgespräch noch so positiv erschien, doch nicht so toll ist.

Und jetzt stellen wir fest:
„Oh kacke, was habe ich da getan?".
Tja, und nun stehen wir da.
Aber was hat das denn mit der Überschrift des Kapitels zu tun?
Ich würde dir an dieser Stelle gerne eine kleine, aber doch sehr effektive, Herangehensweise für diese unsäglich großen Probleme liefern.

Wenn wir erkennen, dass sich gerade in Problemen auch große Chancen verbergen, dann suchen wir doch in Zukunft vielleicht sogar Probleme, um sie dann zu lösen.

Wenn wir lernen, auch hier den richtigen Weg zu finden und dann später erkennen können,
„Ja, auch diese Klippe habe ich erfolgreich umschifft, oder gemeistert", dann werden wir glücklicher sein, wenn uns Probleme begegnen.

Wenn wir uns bereits im Vorfeld vorstellen können, wie wir das Ziel, also z.B. den neuen Job besser beherrschen, dann können wir uns doch darauf freuen und sagen:
„Lernen macht glücklich."

Schätzen wir es überhaupt oft genug, dass es in unseren Breitengraden vollkommen normal ist, dass wir die Gelegenheit haben, lernen zu können und zu dürfen?

Das wir hier die Chance haben, uns weiter zu entwickeln?

Ja, diese Möglichkeiten haben wir und darüber können wir uns freuen. Wir sollten manchmal einfach nur kurz innehalten und dafür ein wenig dankbarer sein.

Lerne aus verschiedenen Situation und auch wenn es mal nicht so dolle läuft, und ich vielleicht erkennen muss „Hui, das hätte besser laufen können." selbst dann weiß ich, ich habe erneut die Gelegenheit gehabt, etwas zu lernen und das macht mir Spaß und Spaß macht mich glücklich.

Dich auch?

#15 SPAZIERE DURCH DEN WALD

Stell dir mal vor, wie es wäre jetzt durch den Wald zu spazieren. Eine schöne Idee, finde ich. Außer natürlich du wohnst schon im Wald, dann ist das ja nichts Neues für dich. Vielleicht sogar eher eine Pflichtübung.

Oder du bist Rotkäppchen, dann darfst du deine Großmutter nicht vergessen, die hat ja schließlich auch Hunger.

Wenn du allerdings ein Stadtkind bist, solltest du einen bewussten Spaziergang im Wald unbedingt mal ausprobieren.
Dafür suchst du dir zuerst einen schönen Ort aus. Hast du sogar schon ein schönes Wäldchen im Kopf? Falls nicht, nutze das Internet.

Das geht heute ja zum Glück wunderbar. Guck dich mal in deiner Umgebung um und such dir ein schönes Wäldchen.

Stell dir doch bitte einfach jetzt schon einmal vor, während du noch so schön gemütlich da sitzt, wie es sein wird?

Wenn du jetzt so entspannt durch den Wald spazierst, was fühlst du?

Stelle es dir vor und genieße es. Höre die Ruhe, hör den Vögeln zu und versuche dich zu entspannen. Beweg dich ruhig und ganz ohne Hektik.

Spürst du schon wie du langsam entspannter wirst?

Und du bist noch nicht mal da!

Warte auf angenehmes Wetter, nicht zu kalt, nicht zu heiß, nimm dir etwas zu Futtern und auch etwas zu Trinken mit und schon kann es losgehen.

Bist du dann da, kannst du, um der Natur noch näher zu sein, auch deine Schuhe und Strümpfe ausziehen. Gehe über Moos, ganz gemütlich und spüre den kühlen Boden unter deinen Füßen. Denk daran, dir danach die Füße abzutrocknen.

#16 BEWEGE DICH

„Puh, was hat das denn jetzt mit Glück zu tun?
Ich dachte, ich sitze hier gemütlich beim Tee,
lese das Buch und werde einfach wie durch
Zauberhand glücklich. Jetzt soll ich mich auch
noch bewegen? **Unverschämtheit!**"

Aber leider ja, genau so ist es. Wir müssen ja
nicht direkt mit einer der Vorbereitung zum Iron
Man beginnen. Hier handelt es sich schließlich
um 3,86 Kilometer schwimmen, 180,2 Kilometer
Rad fahren und 42,195 Kilometer laufen.
An dieser Stelle einen Riesen Respekt für jeden,
der es versucht und einen noch größeren für die
Menschen, die es jemals geschafft haben.

Nun, aber eine 100 Tage-Challenge ist doch auch
schon eine riesige Herausforderung.

Du kennst bestimmt diese alte Regel, dass man
mindestens 10.000 Schritte am Tag gehen sollte.
Das sind immerhin so ca. acht Kilometer.
Gar nicht so wenig, oder?

Aber wer kann das schon im Büro schaffen?
Ich habe es selten geschafft und auch nur dann,
wenn ich meine Fitnessuhr so eingestellt habe,

dass sie mich jede Stunde daran erinnerte, 250 Schritte zu gehen. Selbst mit diesem kleinem Trick wird es schwierig. Denn acht Stunden lang pro Stunde 250 Schritte gehen, ergeben ja auch „nur" 2.000 Schritte. Lange nicht genug also. Dann noch ein wenig Treppen steigen und es fehlt immer noch etwas.

Also muss man sich im Sportstudio anmelden? Grundsätzlich eine gute Idee, aber die Motivation dazu hat auch nicht jeder.
So ging es mir auch sehr, sehr lange.

Und dann half mir ein kleiner Zettel und eine gute Freundin dabei, endlich regelmäßig Sport zu machen.

Dazu eine kleine Geschichte. In meiner Coaching-Ausbildung haben sich alle Teilnehmer sehr intensiv mit den verschiedensten Themen beschäftigt.

So auch unsere eigenen Schmerzthemen, Ärgernissen, oder Themen, an denen wir schon lange arbeiteten, die wir aber irgendwie immer noch nicht in den Griff bekommen konnten.

Ich war zum Beispiel seit Jahren im Fitnessstudio angemeldet, ging auch immer mal wieder hin. So drei bis vier Mal in sechs Monaten. Ich zahlte regelmäßig meinen Beitrag, war ja Gott sei Dank nicht zu viel. Ich zahlte, aber nutzte es nicht. Gute Vorsätze gefasst: Zu Silvester, zu Weihnachten, Geburtstag, Ostern, vor Karneval, nach Karneval, zu diversen Todestagen von geliebten Menschen, nach interessanten Fernsehberichten, oder Interview und so weiter... *Du weißt, wie es läuft.*
Ich ging dann wieder drei Mal und das war es dann schon wieder. Ausreden? Tausende...

Kein Parkplatz dort, keiner zu Hause, keine Sporttasche dabei, kein passendes Wetter, zu heiß, zu kalt, keine Lust – *Aber nur selten keine Zeit.*
Und trotzdem ging ich einfach nicht. Und dann kam Iwona. Mit einem Zettel, einem Stift und roten Pumps.

„Ey Guido, du willst Sport machen, ich auch. Wir machen jetzt einen Deal. Zweimal die Woche Sport. Wenn nicht, dann gibt es 5€ Strafe, die wir dann vertrinken. Als Beweis für den Anderen ein Foto aus dem Studio. Natürlich immer andere." *Klingt gut!*

Aufgeschrieben, unterschrieben, alles ok.

Seitdem gehe ich regelmäßig mindestens zweimal die Woche zum Sport (Wir haben unseren Deal sogar auf zehn Mal im Monat erweitert). Bisher musste ich nur zweimal Strafe bezahlen. Iwona übrigens kein einziges Mal. Selbst in ihrer Schwangerschaft ließ sie kein einziges Mal ihren Sport ausfallen.
Sehr respektabel.

Wieso erzähle ich dir das Ganze eigentlich?
Ich glaube, wir haben alles so unsere „Sachen" an denen wir uns Jahrelang abrackern und die uns einfach nicht gelingen wollen.
Aber dann, mit einem kleinen Schubs aus einer völlig unerwarteten Richtung, macht es plötzlich *Klick* und es klappt.
Ich habe das früher immer gerne mit Stufen verglichen. Ich lief immer gegen eine Wand. Wieder und wieder und konnte es einfach nicht drüber schaffen. Bis zu einem gewissen Moment, wo ich einen Schubs bekomme oder einen kleinen Tritt, eine unerwartete Hilfestellung, die mir den nötigen Schwung gibt.

Was kann für dich der kleine Schubs sein, der Tritt, deine unerwartete Hilfestellung?

So dass du auf einmal mit völliger Leichtigkeit diese unüberwindbar erscheinende Wand überwindest und wieder einen kleinen oder großen Schritt weiter bist.

Deswegen rate ich dir an dieser Stelle: Such dir jemanden mit dem du einen „Vertrag" abschließt, an den du dich halten musst.

Egal, ob es dabei um den Sport, das Abnehmen oder etwas völlig Anderes geht.

Und wenn du niemanden hast, mit dem du diesen Deal machen kannst, machst du ihn mit mir, indem du mir eine Nachricht auf Instagram (@hllrguido) schreibst.

#17 SPARE 10% VON DEINEM EINKOMMEN

„Sparen soll mich glücklich machen? Echt jetzt? Mein sauer verdientes Geld soll ich sparen, nachdem ich schon so viele Steuern und Sozialabgaben gezahlt habe? Und jetzt soll ich auch noch davon glücklicher werden, wenn ich spare? Welch verrückter Gedanke.“

Nun, ich vermute, manche haben diese oder ähnliche Gedanken, nachdem sie die Überschrift gelesen haben. Und wahrscheinlich haben sie damit auch recht. Aber nur vielleicht, weil jetzt die Lösung kommt.

Stelle dir vor, dass du ab sofort 10% deines Einkommens sparst, von jetzt an für immer und alle Ewigkeit. *Verrückte Idee.*

Im ersten Monat wirst du es noch merken, auch im zweiten und wahrscheinlich auch im dritten, aber dann passiert etwas Erstaunliches.

Du und dein Konsum, werden sich daran gewöhnen und nach ein, zwei weiteren Monaten wirst du feststellen, dass da schon ein schönes Sümmchen auf deinem Sparbuch liegt.

Jetzt stell dir noch vor, du führst das noch weiter und weiter (und weiter...) fort.

Die Summe, die sich ansammelt, wird immer größer und größer werden.

Und wenn du dich gerade fragst, was dich daran jetzt glücklich machen soll, dann sage ich es dir gerne. Du wirst anfangen, dich an die „fehlenden" 10% zu gewöhnen. Sie sind ja einfach nicht mehr da und nicht mehr in deinem direkten Zugriff. Diese stets wachsende Summe an Erspartem gibt dir immer mehr das Gefühl und die Gewissheit, frei zu sein.

Frei für neue Abenteuer oder die neue Einbauküche oder den Urlaubstrip.
Oder du sparst einfach weiter und wirst dadurch immer unabhängiger. Vielleicht kaufst du dir auch eine eigene kleine Wohnung oder zahlst ein kleines (oder größeres) Häuschen an.
Oder du hilfst jemandem in der Not aus. Oder du machst dich mit deinem Traum selbstständig.

Eigenkapital als Startkapital hast du ja dann.

„Und das fängt alles damit an, dass ich nur 10% von meinem Einkommen spare?"

Ja, genau so fängt das an!

#18 UMGIB DICH MIT MENSCHEN, DIE DICH LIEBEN

Was gibt es denn schöneres im Leben, als von Menschen umgeben zu sein, die dich lieben, schätzen und ehren?

Wahrscheinlich nur wenig Anderes.

Stimmst du mir da zu?

Ja, na klar gibt es noch anderes. Gesundheit zum Beispiel, vielleicht auch genug Geld auf der hohen Kante zu haben.

Aber was ist schon genug Geld?

Nehmen wir in diesem Moment einfach mal an, dass genug Geld da ist – *jeder versteht ja schließlich auch etwas anderes unter „genug Geld".* Also weiter im Text.

Vielleicht kennst du diesen Spruch:

„Du bist die Summe der fünf Menschen, mit denen du dich umgibst."

Mit wem umgibst du dich denn so den ganzen Tag?

Hast du zum Beispiel Nachbarn oder Kollegen, oder sogar eine Schwiegermutter, die du gar nicht leiden kannst, aber nunmal Teil deines Lebens sind?

Was soll man denn da machen?

Nun, jetzt können wir ja nicht alle von dem einen auf den anderen Tag unseren Job kündigen, umziehen oder der Schwiegermutter die kalte Schulter zeigen.

Kannst du natürlich machen, aber wer weiß, ob das nicht noch mehr dunkle Wolken am Horizont aufziehen lässt.

Zum Glück gibt es eine andere, erstaunlich einfache Lösung.

Wenn ich aus meinem Job nicht einfach so herauskomme, nicht einfach umziehen und auch meine Schwiegermutter nicht austauschen kann, ist es total wichtig, dass wir uns wenigstens in der restlichen Zeit mit tollen Menschen umgeben.

Heißt also, dass du versuchen solltest, deine Freizeit mit Menschen zu verbringen, die du magst und die dich mögen.

Und wenn du bisher noch nicht die richtigen fünf Menschen in deinem Umfeld hast, starte doch langsam und suche dir erstmal einen Herzensmenschen heraus.

Gib ihm die Chance zu deinem Lieblingsmenschen zu werden.

Du wirst sehen, allein das macht dein Leben schon etwas leichter, sinnvoller und eben auch glücklicher.

Und sobald du den *Einen* hast, dann macht das schon eine Menge aus und vielleicht brauchst du dann gar keinen zweiten mehr – oder du findest so sogar leichter noch andere tolle Menschen.

Die Erfahrung hat gezeigt, dass nette Menschen andere nette Menschen kennen. Damit schließt sich dann der Kreis und die Zeit des Tages, die du mit nicht so tollen Menschen verbringen musst, ist dann gar nicht mehr so schlimm.

Du hast etwas, worauf du dich freuen kannst.

Und das ist eben auch ein Teil des Glücklichsein.

#19 LASS KLEINE SCHNEEBÄLLE NICHT ZU LAWINEN WERDEN

In diesem Kapitel geht es um Sachen, die wir am liebsten gar nicht machen wollen oder immer weiter vor uns herschieben, einfach als erstes vornehmen sollen.

„Watt fott es, es fott" sagt der Kölner.
Klingt logisch, aber wie klappt das denn?
Es gibt da mindestens einen guten Weg.
Versuch es doch mal so: Schreib es erstmal auf.

Bei dir ist es bestimmt etwas ganz anderes, aber nur mal angenommen, auf deinem Zettel steht: „Lampen aufhängen".

Schon seit Wochen liegen die Lampen, die du für deine Wohnung gekauft hast, leicht eingestaubt in einer Ecke herum. Aber von selbst kommen die eben nicht an die Decke.
Und das nervt dich immer mehr! Also, was tun?

Mein Tipp: Setz dir einen Termin.

Ein befreundeter Coach erzählte mir dazu eine schöne Metapher. Er verglich die Probleme mit kleinen Schneebällen, die gemütlich den Berg hinunter auf dich zu rollen.

Du siehst sie bereits aus weiter Ferne, aber sie sind noch klein und du kannst ihnen elegant ausweichen.

Das blöde an der Sache ist nur, dass diese kleinen Schneebällchen, denen du bisher ganz leicht ausweichen konntest, leider mit der Zeit immer größer werden und dabei auch noch immer schneller den Berg runterpurzeln.
Und dann wird es immer schwieriger ihnen auszuweichen.

Kleinen Schneebällen kannst du spielend leicht ausweichen. Wenn sie aber immer größer und schneller werden, ist es dann gar nicht mehr so leicht. Und wenn du dann mal nicht mehr aufpassen kann, weil du ermüdest bist, was dann?

Genau, dann erwischt dich ein Ball und du wirst umgeworfen, kommst nicht mehr auf die Beine, rollst den Abhang hinunter, landest in der Kälte und nicht nur deine Nase friert ein...
Da liegst du dann, kannst dich nicht mehr bewegen und, zack, das wars dann.

Blöd gelaufen...

Lassen wir es doch gar nicht so weit kommen, sondern lösen wir unsere Themen wenn sie noch klein und zu bewältigen sind.

Gute Idee?

Probiere es einfach mal aus! Und wenn du wieder kurz davor bist, etwas aufzuschieben, denke einfach an die Schneebälle, die sich langsam aber sicher zur Lawine entwickeln.

Denn Probleme erledigen sich leider oftmals nicht von selbst. Und wir kennen das doch alle, kleine Themen bekommen wir noch alleine geregelt, sobald aber die Post per Einschreiben kommt, ist es jedoch schon weniger lustig.

Und glaub mir, ich spreche da aus Erfahrung. Und ganz nüchtern betrachtet, wieso sollten wir es überhaupt so weit kommen lassen?

Erledigen wir das Übel doch besser direkt. Und Übung macht den Meister.

Mit jeder erledigten Aufgabe, mit jedem gelösten Problem steigt deine Macher-Mentalität, deine Problemlösekompetenz und du lernst.

Und lernen macht ja bekanntlich glücklich. Heute lachen wir doch über die Probleme, die wir als Teenager hatten.

Und schon morgen wird es uns genauso mit den Problemen von heute gehen.

#20 SEI KEIN PECHVOGEL

Wieso haben manche Menschen immer Glück und andere immer Pech? Karma? Vielleicht...

Aber nachdem ich gelesen habe, das Karma immer erst in der nächsten Generation zuschlägt, hat mir das als Lösung nicht mehr so richtig zugesagt.
Ob es stimmt, prüfe ich im nächsten Leben dann nochmal nach.
Und das würde ja auch bedeuten, dass ich keinen Einfluss auf mein Glück habe, sondern muss es auf Gottes Wille hin – *oder wessen Wille auch immer* – einfach über mich ergehen lassen, da es ja so vorgegeben ist.

Wer mich ein wenig kennt, weiß, dass ich so etwas nicht einfach hinnehmen kann.

Meine These ist, dass wir ganz schön viel damit zu tun haben, was uns zustößt und passiert. Erschreckend? Nicht unbedingt. Denn es gilt:

„Ich ziehe das an, was ich ausstrahle. Ich spiegele mein Gegenüber".

Schon in der Bibel (Hiob 3:25) steht geschrieben:
„Denn was ich gefürchtet habe, ist über mich gekommen, und was ich sorgte, hat mich getroffen."

Kennst du bestimmt und muss hier nicht nochmals ausgeführt werden. Vielleicht später.

Ich persönlich sehe genau das als die große Chance, unser Leben und unser Glück selbst in die Hand zu nehmen. *Wie sieht das für dich aus? Wäre das nicht viel besser?*

Ich meine schon. Starten wir mit einem kleinen Beispiel: Jetzt einen Kaffee zu trinken wäre toll, aber ich habe vergessen, welchen einzukaufen. Das erklärt doch eigentlich schon alles!

Ich will etwas haben, habe aber nichts dafür getan. Kann nicht klappen, oder?

Ich habe keinen Kaffee gekauft, dadurch kann ich jetzt auch keinen trinken.

Bevor es jetzt hier zu Verwirrungen kommt, merke dir diesen Spruch:

Ich habe nur dann Glück im Leben, wenn ich es erwarte und mich darum kümmere.

Das gilt übrigens auch andersherum. Wenn ich das Unglück erwarte, ist die Wahrscheinlichkeit viel höher, dass es auch passiert.

Was meinst du, ist denn besser:
Glück oder Unglück zu erwarten?
Ich für mich kenne meine Antwort!

Also, meine Bitte und Idee an dich:

Wenn du glücklich sein willst, dann mach doch auch etwas dafür. Erwarte das Glück und freu dich darauf!
Machen wir dazu eine kleine Übung:
Was könnest du denn jetzt selbst dafür tun, dass es in Zukunft noch besser läuft als bisher? Schon eine Idee?

Versuch es doch einfach mal damit, dass du nicht das Böse oder das Schlechte erwartest, sondern das Gute.

Trete doch einfach mal deinem Gegenüber mit einem Lächeln entgegen und erwartet das Gute.

Nimm in Zukunft an, dass die Grimmigkeit eures Gegenüber gar nichts mit dir zu tun hat.

Eventuell überlegt er gerade sogar, wie er dir eine besondere Freude machen kann und schaut beim Denken einfach etwas missmutig aus.

Interessante Idee, oder?

Und übrigens, ich gehe mir jetzt erstmal zwei Pakete Kaffee holen.

#21 KÜMMERE DICH NICHT UM DIE PROBLEME ANDERER LEUTE

Schon mal überlegt, wieviel Zeit wir damit verbringen, uns Gedanken darüber zu machen, was andere Leute gerade über uns denken?

Nun, ich vermute mal, viel zu viel Zeit.
So, und wenn es jetzt noch weitergeht, stell dir doch einmal vor, dass du anderen Menschen wahrscheinlich vollkommen egal bist.

Hört sich zwar nicht so nett an und sie während sie dich ansehen, noch nicht einmal an dich denken, sondern eher daran, ob sie das Bügeleisen ausgeschaltet haben?
Und du machst dir Gedanken darüber, ob du ihnen etwas getan hast? Verrückte Idee.

Jetzt ist es natürlich so, dass ich selten darüber nachdenke, ob ich mein Bügeleisen ausgeschaltet habe und daher könnte es natürlich sein, dass wenn ich dich grimmig angucke, wirklich dich meine und ich dich gar nicht leiden kann.

Kein schöner Gedanke, oder? Aber ehrlich gesagt, ist es nicht vollkommen egal, wieso ich dich grimmig ansehe?

Und woran ich dann gerade denke? Bügeleisen,
Hundefutter, Kaffee oder, oder, oder...

Was hat das mit dir zu tun? In dem Falle doch
meistens gar nichts und daher:
Pfeiff doch einfach drauf.

Und bevor jetzt die Verwirrung größer wird,
worauf möchte ich eigentlich hinaus?

Ich verrate es dir:
Was kannst du dafür, was in dem Kopf der
anderen Menschen vorgeht? Du ahnst es schon:
Nichts, rein gar **nichts**.

Wir müssen natürlich etwas differenzieren.
Wenn dein Chef immer nur dich böse anguckt,
kann das schon etwas blöder sein oder dein
Herzensmensch oder dein Hund.
Dann hast du wahrscheinlich irgendwas verbockt
und bist doch schuld.

Und nun? Hilfe gefällig?

Ich habe da eine Lösung.
Also bei mir funktioniert es ganz gut und macht
mich in den letzten Jahren deutlich glücklicher.

Ein Vorteil dabei ist, dass man Menschen irgendwie mal etwas genauer zuhört.
Solltest du mal ausprobieren, macht ziemlich viel Spaß. Manchmal verwirrend, aber es macht mehr Spaß.

Frage dich doch zwischendurch immer mal wieder, wie wichtig dir dein Umfeld ist.
Und, was besonders interessant ist, wie wichtig du dir selbst bist?

Wenn du selbst weißt, wie wichtig, bedeutsam, interessant und besonders du bist, wird dich das Leben immer weiter führen. *Klasse, oder?*

Und jetzt nochmal, dein Kollege guckt dich blöd an, und du weißt noch nicht mal, ob er überhaupt dich damit meint?
Und du machst dir deswegen Sorgen?
Echt jetzt?

Also für mich hört sich das nach ziemlichem Blödsinn an. Für dich auch?
Kommen wir zu dem Anfang zurück:
Die Probleme anderer Leute.

Da ist es doch.

Und wenn wir jetzt das ganze oben geschriebene nochmals Revue passieren lassen, dann wird es uns doch bestimmt klar.

Wir sollten uns einfach nicht zu wichtig nehmen, und nicht erwarten, dass wir permanent im Kopf unseres Gegenübers sind.

Außer bei deinem Hund, der denkt nur an dich, oder ans futtern.

Du merkst, es macht keinen Sinn, unsere kostbare Lebenszeit mit den Gedanken an die Gedanken, der anderen Menschenkinder zu verschwenden.

Lebe, liebe, lache. Darum geht es und wahrscheinlich nur darum.

Pflege deine Familie, deine Freunde, deine Seele und deinen Körper: So wirst du noch glücklicher.

Versprochen!

#22 HABE KEINE ANGST VOR DEM SCHEITERN

War Christopher Columbus erfolgreicher als du? Ist er gescheitert? Ist die Angst vorm Scheitern ein Problem für dich oder denkst du lieber so wie Christopher Columbus?

Und weißt du eigentlich, woher das Wort „scheitern" kommt und wieso es eigentlich totaler Quatsch ist?

Nun, ich weiß natürlich auch, dass niemand Besserwisser leiden kann und ich weiß auch, dass sich die meisten von uns, um solche Sachen gar keine Gedanken machen. Ich aber schon!

Wusstet du zum Beispiel, dass Columbus bevor er Amerika entdeckte, bereits vier Fahrten gemacht und dabei neun Schiffe verloren hat.

Oder um es anderes zu sagen, mehrmals gescheitert ist?

Nein? Keine Sorge, ich bis eben auch nicht. Bis eben hörte ich noch den interessanten Podcast eines Kollegen und der erzählte es.

Ich hab natürlich erstmal recherchiert, ob das überhaupt stimmt. Und, ohne zu viel vorwegzunehmen: Ja, er hat die Wahrheit gesagt. Und das andere habe ich ihm dann auch direkt geglaubt.

Noch besser, sobald du es auch weißt, verliert die Gefahr vor dem Scheitern direkt seinen Schrecken. Denn wir müssen überhaupt keine Angst davor haben, weil es uns gar nicht betrifft.

Vorher müssen wir jedoch klären, woher das Wort „scheitern" überhaupt kommt.

Gescheitert bedeutet, dass etwas gescheitelt wird, soll heißen, aus seiner ursprünglichen Form heraus gebracht wird.

Ge-scheit-ert, also auch ein Scheit, Holz-scheit.

Die Seefahrer von früher hatten Angst vorm Scheitern, weil das Scheitern für sie bedeutete, dass ihr Schiff nicht mehr in einem Stück war, sondern in vielen Scheiten, also in Stücken.

Was im Umkehrschluss bedeutet:
Das Boot war kaputt und sank, weil viel zu viel Wasser in das Boot hineinlief.

Und das war schlecht, sehr schlecht, weil das bedeutete, dass sie ertranken.

Keine schöne Geschichte, aber leider die Wahrheit. Also bedeutete scheitern, dass man sterben musste. Und das wollten die wenigsten Seeleute.

Ist das eigentlich heute auch noch so?
Nö, ich finde nicht.

Selbst die Schiffe sind heute nicht mehr aus Holz, sondern aus Stahl und das lässt sich nicht so leicht in Scheite verwandeln.

Also,...
Hab keine Angst vorm Scheitern, weil es gar nicht so schlimm sein kann.

Und wenn du mal wieder Angst vorm Scheitern hast, denk an diese kleine Geschichte.

Falls du dann immer noch nicht lächeln kannst, dann denke daran das Columbus neun(!) Schiffe versenkt hat, er eigentlich einen schnelleren Seeweg nach Indien finden wollte und stattdessen Amerika entdeckt hat.

Und das alles nur, weil es jemandem egal war, ob er scheitert, neun Boote schreddert (und die waren damals auch schon ziemlich teuer) oder Indien entdeckt.

Ach nein, es war ja dann doch Amerika.

#23 RÄUM DEINEN KÜHLSCHRANK AUF!

„Boah, wie hängt das jetzt schon wieder zusammen und was hat mein Kühlschrank mit meinem Keller zu tun? Und noch wichtiger, was hat das mit Glück zu tun?"

Erstmal, gar nichts. Aber es besteht ein Zusammenhang.

Wenn du jetzt verwirrt bist, kann ich nur sagen: „Du hast vollkommen recht"!

Wie sieht es denn in deinem Kühlschrank aus? *Eher ordentlich oder unordentlich?*

Lebst du so, wie es in deinem Kühlschrank aussieht? *Geordnet oder ungeordnet?*

Und wie sieht es in deinem Keller aus? Und in deinem Kofferraum?

Darf ich dir noch etwas dazu sagen? Leider hängt es alles zusammen. Achte bitte darauf, dass du alles in Ordnung hältst.

In meinem eigenen Leben habe ich mich lange damit schwer getan. Der Kofferraum der Autos, die ich im Laufe meines Lebens hatte, waren immer, und ich meine wirklich immer, gerappelt voll.

Und irgendwie kam immer noch mehr dazu. Bis ich nachher nichts mehr im Kofferraum transportieren konnte.

Irgendwie schwappte es immer weiter über; ich lagerte Sachen in meiner Garage und danach schwappte es in meinen Keller und irgendwie war plötzlich auch mein Kühlschrank irgendwie immer voll und etwas chaotisch.

Erkennst du den Zusammenhang? Auch das ist doch ziemlich offensichtlich, oder?

Wenn du Ordnung hältst, wird das Leben übersichtlicher und leichter. Leichteres Leben, leichteres Sein!

Schau doch bitte zuerst einfach mal in deinen Kühlschrank. *Wie sieht es da aus? Alles gut?* Dann ab in den Keller. Ach nein, warte, wir versuchen es erstmal mit deinem Autokofferraum.

Brauchst du wirklich alles davon?

Bestimmt nicht.

Also raus damit und bitte nicht in die Garage. Als kleine Hilfe, was da reingehört sind Warnwesten, für jeden Sitz eine, vielleicht Ersatzbirnen, ein Warndreieck, der Verbandskasten, eine warme Decke und das war es.
Ist der nicht ziemlich geräumig?

Wenn du dich immer noch fragst, was das Ganze soll, aber trotzdem bis hierhin gelesen hast, verrate ich es gerne.

Es geht ganz einfach um Ordnung. Es bringt absolut nichts, wenn dein Kofferraum eigentlich eine Zwischenstation auf dem Weg zum Messie ist. Stell dir vor, du brauchst dringend ein Pflaster oder Größeres, und du findest diesen Kack-Verbandskasten nicht mehr, weil er einfach nicht auffindbar ist.

Wie mag es dann im Stress sein, wenn du in Hektik bist, weil du gerade eine kleine Katze retten und verbinden willst? Bestimmt nicht besser.

Fang doch bitte mit einer kleinen Aufräum-Aktion an.

Was soll der Quatsch fragst du dich weiterhin?

Vertrau mir bitte, wir haben uns ja jetzt doch schon ein wenig kennen gelernt.

Es ist doch so, wenn alles seinen Platz hat, musst du nicht danach suchen, wenn du es brauchst. Wenn du die Kofferraumklappe deines Wagens öffnest, kannst dir sicher sein, dass alles da ist.

Das gibt uns mehr Sicherheit, als wir vielleicht zu Anfang glauben.

Und Sicherheit macht zufrieden und Zufriedenheit macht uns glücklich.

So einfach ist das? Ja, so einfach ist das. Und wenn du jetzt noch weiter gehst und das unnötige Zeugs aus dem Kühlschrank schmeißt, z.B. die angebrochene Glas Anchovis und dich dann sogar mal wieder in deinen Keller traust und aufräumst, was eröffnet dir das noch alles für Chancen?

Und jetzt noch ein weiterer Punkt:

Bleiben wir vorerst bei dem Kofferraum, stell dir vor, du hast Platz für neue Gelegenheiten.

Genug Platz, um einfach mal einem netten Menschen den schweren Einkauf nach Hause zu fahren? Wäre das nicht auch mal wieder etwas? Und so kann sich auch dieser kleine Kreis schließen.

Dadurch, dass ich mich nicht mehr schämen muss, wenn ich meinen Kofferraum öffne, bin ich doch direkt viel freier und entspannter.

Und übrigens, das wirkt auch auf andere Menschen. Ich persönlich freue mich, wenn ich so etwas sehe und da ich totaler Durchschnitt bin, vermute ich, dass das vielen anderen auch so geht.

#24 SEI WIE PIPPILOTTA VIKTUALIA ROLLGARDINA PFEFFERMINZ EFRAIMSTOCHTER LANGSTRUMPF

Wir haben doch als Kinder alle mindestens einmal die Geschichte von Pippi Langstrumpf gehört, oder?

Pippi kann vielen von uns dabei helfen, ein wenig glücklicher zu werden. Was eine Vorannahme ist, wissen wir doch alle oder können uns wenigstens vorstellen, was sich dahinter verbirgt. Was meinst du denn, ist das eher positiv oder negativ zu sehen?

Kurzer Ausflug zur Erklärung:

Eine Vorannahme ist kein faktisches Wissen, sondern eine Hypothese. Also was wir über andere Menschen oder eine Situation denken oder annehmen.

Es ist ja so:
So wie wir uns unsere Welt abspeichern, so erwarten wir sie auch und wir wären fürchterlich enttäuscht, wenn es dann anders kommen würde. Also zum Beispiel, wenn ein

unfreundlicher Mensch plötzlich lächelt, oder gar lacht.

Und weil ja jeder seine eigene „Landkarte" hat, hat ja auch jeder seine eigenen Erwartungen an das Leben und das Verhalten anderer Menschen.

Und die versuchen wir uns auch zu bestätigen, indem das Gehirn ständig nach bestätigenden Anzeichen sucht. Die Dinge, die unseren Annahmen widersprechen, übersieht es dann gerne mal.

Sonst würden wir uns ja selbst enttäuschen und das wollen wir ja nicht.

Beispiel gefällig? Mit unseren Vorannahmen bauen wir uns unsere Gegenwart, Zukunft und Leben selbst auf. So sang schon Pippi Langstrumpf:

„2x3 macht 4. Widdewiddewitt und 3 macht Neune! Ich mach' mir die Welt widdewidde wie sie mir gefällt (...) Hey Pippi Langstrumpf, die macht, was ihr gefällt."

Und brauchen wir in unserer Welt nicht mehr Pippis als Annikas? Ich meine schon.

Was können wir denn jetzt daraus lernen?

Nur mal so angenommen, du willst doch etwas an deinen Vorannahmen ändern, weil es dir so nicht gefällt und sie oft dafür sorgen, dass es dir nicht so gut geht.

Na komm, wir schauen mal.

Es fängt ja damit an, dass wir erkennen – vom Erkennen, zum Verstehen, zum Tun, also etwas zu ändern – was in uns passiert.

In jeder Hinsicht?

Nö. Vieles von dem, was wir als Vorannahme sehen, ist doch erstaunlich gut. Ich kann doch nicht alles in Frage stellen.

Ich muss doch nicht jeden Morgen testen, ob die Erdanziehungskraft noch funktioniert, meine volle Tasse Kaffee loslassen und schauen, was das für eine Riesensauerei gibt.

Würde ich jedenfalls nicht unbedingt empfehlen. Obwohl probieren geht über... Ach, du weiß schon, was kommt. Ich probiere es jedenfalls nicht aus.

Nachdem wir also ein drastisches Beispiel haben, was uns aufzeigt, dass es auch positive Vorannahmen gibt, wenden wir uns mal den nicht so tollen zu.

Vielleicht wollen wir ja die verändern?
Was ist denn eine negative Vorannahme?
Eine Vorannahme ist ja gar kein faktisches Wissen, sondern eine Hypothese, also was wir z.B. über andere Menschen denken, oder annehmen.

Eine Vorannahme entspringt einer persönlichen Erfahrung oder Vermutung oder sogar einem Gerücht.

In meinen Coachings kommt auch immer:

„Na ja,
ich verdiene es ja nicht anders,
was soll ich schon erwarten mit
meinem Aussehen,
mit meiner Vergangenheit,
mit meiner Geschichte,
mit meiner Ausbildung,
großen Nase,
oder dickem Po?"

Du kannst das doch alles erwarten.
Erwarte doch mal stattdessen das Positive,
erwarte das Glück und erwarte doch endlich
mal das, was du verdienst.

Wie du das angezogen hast, was du bisher
bekommen hast, das klappt doch schon ganz gut.

Lass das Positive zu!

Für Menschen ist es doch so, dass du Menschen
viel öfter eine faire Chance geben solltest.

Ihnen offen, ohne Vorbehalte und Vorurteile
entgegen treten. Meinst du, so etwas könnte
schon ein wenig helfen? Ich meine ja.

Nur mal angenommen, wir wollen eine positive
Beziehung zu jemandem aufbauen, so muss ich
doch erkennen, dass die Landkarte nicht das
Gebiet ist.

Soll heißen, seine (und meine) Erfahrungen
müssen nicht übereinstimmen, denn seine Werte
sind nicht meine Werte, seine Erfahrungen sind
nicht meine Erfahrungen und andersherum..

Und wenn ich mir diese Türe zuschlage, nur weil
ich davon ausgehe, dass Menschen mit grünen
Augen, dickem Po und kleiner Nase schon immer
notorische Steuerhinterzieher sind, dann ist
das doch ziemlicher Quatsch, oder?

Mein Tipp:
Geh offen und mit weniger Vorbehalten durchs
Leben.

Sei mehr Pippi als Annika, um dein Leben mit
ein paar mehr Überraschungen zu füllen.

#25 WIEVIEL GLÜCK KANNST DU EIGENTLICH VERTRAGEN?

Eine schöne Frage, aber jetzt mal ernsthaft:
Wie sieht es denn zurzeit bei dir aus?

So glückstechnisch. Da du dieses Buch liest, gehe
ich davon aus, dass du etwas mehr Glück in
deinem Leben vertragen könntest.
Und das kriegen wir hin. Aber zu allererst
möchte ich dir eine Frage stellen:

„Was ist denn überhaupt Glück für dich?"

Könntest du mir bitte einen Gefallen tun und das
mal kurz aufschreiben?

Finde ich klasse, dass du das für dich selbst
machst! Nun, weiter geht's!

Glück ist ja für jeden etwas Anderes. Für manche
auch eine vollgeschissene Windel.
Na klar, wenn dein Baby endlich keine
Verstopfungen mehr hat...
Aber Spaß beiseite, ich kann dir ja mal erzählen,
was Glück für mich ist.

Überraschenderweise bedeutet Glück für mich nicht jeden Tag das Gleiche und das gibt mir Hoffnung.

Überleg doch mal, was dich heute glücklich gemacht hat. War es der freie Parkplatz vorm Fitnessstudio, das letzte Brot beim Bäcker, war es die Sonne, die an deinem freien Tag geschienen hat, war es ein Kuss von deinem Lieblingsmenschen? Ein Kinderlachen? Eine hohe Steuerrückerstattung?

Ach, es gibt schon tolle Möglichkeiten zum Glück...

Und wenn du schon so drüber nachdenkst, wo meinst du denn, dass du dein Glück findest? In dir? In der Welt, die dich umgibt? Und ist das jeden Tag gleich?

Ich glaube ja, dass sich das von Moment zu Moment ändern kann. Ein „Spruch" der mich schon viele Jahre begleitet, lautet:

„Wir waren traurig und dachten, dass wir es so fürchterlich schwer haben, und dann fuhr ein Mädchen in ihrem Rollstuhl lachend an uns vorbei."

Puh, starker Tobak? Ja, bestimmt. All das, was wir für normal halten, wäre für viele Menschen das absolute Glück. Also zurück zum Thema:

Wieviel Glück kannst du denn eigentlich vertragen?

Wenn wir uns das Glück als große Pizza vorstellen, hat denn jeder das gleiche Recht auf das große Stück, oder bekommen manche nur den trockenen Rand?

Manche mögen das ja besonders, aber die können dann auch besonders gut jammern.

Also meine allerliebste Pizza war immer die mit Thunfisch, Sardellen, Käse und Zwiebeln – *inszwischen ist auf meinen Pizzen mehr Gemüse drauf.*

Während es also manchen dem Magen alleine bei der Vorstellung umdreht, schmatzen andere innerlich.

Was hat eine Pizza denn jetzt mit Glück zu tun?

Eine Menge...

Lade mich doch einfach mal dazu ein und du wirst einen glücklich schmatzenden Menschen sehen. Hilft dir nicht?

Auch der Gedanke an mich als schmatzenden Coach nicht?

Mich macht der Gedanke daran glücklich, wenn auch etwas hungrig.

Und genau darum geht bei diesem Tipp:
Such und finde das, was dich glücklich macht und mach es dir bewusst, dass das dein Glück ist.

Dann suchst du dir das Nächste, schreibst es dir auf und steckst es in dein Glücksglas.

Jetzt kannst du es dir immer wieder anschauen, es schütteln, ein Bild dazu malen und dann wieder mal so richtig in Glück schwelgen.

Ich weiß, du kannst das!

#26 ÜBERNIMM DIE VERANTWORTUNG UND LASS DEN ELEFANTEN LOS

Viele von uns schleppen anscheinend einen riesigen Rucksack aus ihrer Vergangenheit voll mit Sorgen über die Zukunft mit sich herum.

Und, was meinst du, hilft das und macht dich das glücklich? Ich glaube du kennst meine Antwort schon: Nein, natürlich nicht.

Dazu eine kleine Geschichte vom Finanzamt, Elefanten und Problemen.

Du kennst kennt das bestimmt auch: Es gibt da so ein kleines Thema, ein kleines Problem mit irgendeiner Sache.
Erst ist es ganz klein, noch nicht einmal ein Problemchen, geschweige denn ein Problem... und weil man sich nicht rechtzeitig drum kümmert, ist es auf einmal ein Riesenthema.

So ging es mir zum Beispiel mit dem Finanzamt und den immer wieder gerne erhobenen Steuern.

Nun, mein klitzekleines Problemchen war, dass ich ein Gewerbe angemeldet habe und meine bestimmt total nette Finanzamtsmitarbeiterin

mir darauf hin geschrieben hat, was sie so alles braucht, um mir eine Steuernummer etc. auszustellen. Ich bekam den Brief, sah den Termin und dachte mir:
„Na, das hat ja noch irre viel Zeit".

Erledige ich bei nächster Gelegenheit, quasi so nebenbei. Schöne Idee, es kam nur leider ein wenig anders. Tja, und dann kam der nächste Brief mit einer dezenten Aufforderung, die noch fehlenden Unterlagen einzureichen.

Noch nicht so bedrohlich, wieder ein neuer Termin, wieder der Gedanke:
„Na, das hat ja noch irre viel Zeit".

Dann kam der Brief, nach wiederholtem verstreichen lassen der Frist, nun in gelb und der gar nicht mehr so dezenten Aufforderung schleunigst die Unterlagen einzureichen.

Hinzu kam auch noch die Androhung eines Ordnungsgeldes in Höhe von 500,- €.

Aber da ja schon wieder ein Termin gesetzt war, hatte ich ja schon wieder Zeit. Tja, und als der Termin wieder um drei Tage überschritten war, habe ich so etwas von Gas gegeben, mir einen

Drucker zugelegt, bin zum Finanzamt gerast und habe die Erklärung persönlich abgegeben.

Wieso erzähle ich dir diese Geschichte und was hat das mit deinem Glück zu tun?

Es ist ja so, dass mir vollkommen bekannt ist, dass bei jeder Gewerbeanmeldung ein gewisser Aufwand auf einen zu kommt – Ist ja nicht das erste Mal…

Wenn du diese, oder eine ähnliche Situation, nur viel zu gut kennst, dann ist der Elefanten-Tipp von meinem Kollegen Kai vielleicht genau das richtige für dich!

Kai hat mir damals folgendes erzählt:

„Es gibt Situationen, da stehst du in einem reißenden Fluss und hältst mit beiden Händen einen dicken Elefanten fest, damit er dir nicht wegschwimmt.

Und dafür brauchst du deine ganze Kraft. Gehalten bekommst du den Elefanten zwar eine Zeit lang, aber nicht für ewig.

Die Kraft lässt nach, der Elefant wird immer schwerer und irgendwann kannst du ihn nicht mehr festhalten.

Du hast keine Kraft mehr.

Um wieviel besser wäre es gewesen, es zu versuchen, aber dann erkannt hättest, dass es keinen Sinn hat und ihn loslässt, noch bevor du deine ganze Kraft verlierst?"

Dann hast du beide Hände wieder frei und kannst dir jetzt mit deiner verbleibenden Kraft etwas Passenderes suchen.
Vielleicht auch einen kleineren Elefanten.

Wir lernen daraus:

Beschäftige dich mit deinen Problemen, wenn sie noch klein genug sind und einfacher lösbar sind, bevor du nachher einen dicken Elefanten an der Backe hast und von ihm weggerissen wirst, weil du keine Kraft mehr hast.

#27 HÖRE AUF DEINEN BAUCH

Du hast ein komisches Gefühl bei einer Sache und prompt passiert es genau so?

Aufmerksam wurde ich auf diesen Punkt, als mich meine bezaubernde Tochter darauf hinwies.
Zu dieser Zeit führte ich eine Menge Vorstellungsgespräche mit den verschiedensten Menschen für eine eigentlich ganz einfache Tätigkeit. Mein Büro befand sich am Ende eines längeren Flures. Die Bewerber mussten durch eine Glastüre und dann auf mich zugehen.

Ich ging ihnen entgegen, um sie zu begrüßen und während dieser ersten Meter des Entgegengehens bildete ich mir schon oft eine feste Meinung über den Bewerber, die Bewerberin. Die Bewerber natürlich genau so. So gut, so schön.

Kurzes Gespräch, festlegen der Fakten, Rahmenbedingungen, etc.

Aber wie war das Ergebnis?

Du ahnst es schon, es war genau so, wie anfänglich gedacht. Ich wusste bereits nach wenigen Sekunden des Sehens, das wird was – oder eben auch nicht.

Jetzt muss ich aber auch gestehen, manchmal gab ich einfach zu viel Gas, wollte unbedingt, dass dieser Mensch in mein Team kam. Aber oftmals passte es halt nicht.

Schlimm? Nein, ganz und gar nicht.

Eine andere Bezeichnung kann ja auch die sich selbst erfüllende Prophezeiung sein.
Und mein Bauch hat es mir eben schon direkt zu Anfang mitgeteilt: „Das wird nichts werden" und dann kam es halt auch so. Hör doch einfach öfters auf deinen Bauch, der sagt dir schon, ob etwas passt oder eben nicht. Mein Tipp diesbezüglich: Mach es dir nicht schwerer, als es sein muss!

Lehne auch mal den Job ab, den potentiellen Partner, die neue Mietwohnung oder was auch immer ab, wenn dein Bauch dir sagt:

„Das ist keine gute Idee" und dann lass es einfach.

#28 TRAINIERE DEINEN ENTSCHEIDUNGSMUSKEL

Du kennst das bestimmt auch:
Du sitzt im Restaurant und dein Gegenüber kann sich nicht entscheiden, was bestellt werden soll.

Der nette Kellner kommt das erste Mal vorbei, das zweite Mal, das dritte Mal, fragt schon langsam etwas genervt nach, aber es kommt keine Entscheidung. Passiert dir das auch?

Oder bist du vielleicht die zögerliche Person, die erst mal alles 3x überlegen will und dann nachher doch wieder Schnitzel mit Pommes bestellt? Oder doch Salat? Alles nicht schlimm.

Aber was wäre denn, wenn du einfach mal schneller bist und nach einem kurzen Blick in die Karte entscheidest „Heute gibt es Salat" und aus.

Vielleicht ist das auch mal die falsche Entscheidung, aber selbst wenn wäre es nicht wirklich schlimm.

Geht die Welt nicht von unter.
Probiere es aus und du wirst feststellen, dass es die meisten Situation einfacher macht.

Klar, wirst du auch falsche Entscheidungen treffen, aber das macht doch meistens auch nichts.

Es ist wirklich so wie ein Muskel.

Der wird ja auch immer stärker und besser, wenn ich ihn vernünftig trainiere.

Ausprobieren, testen, glücklich werden, weil du jetzt viel mehr Zeit hast, die du genießen kannst.

Du hast mehr Zeit für dich und deine Hobbys, was uns direkt zum nächsten Punkt bringt.

#29 HEITERE GELASSENHEIT

„Probier's mal mit Gemütlichkeit, mit Ruhe und Gemütlichkeit, jagst du den Alltag und die Sorgen weg."

Kennen wir doch alle aus dem Dschungelbuch.
Nun, jetzt will ja nicht jeder jeden Tag mit einem Bananengürtel über dem wohlgenährten Bauch herumlaufen.
Sieht ja auch etwas Gewöhnungsbedürftig im Büro aus, vermute ich.

Aber worauf will ich hinaus? Es geht doch hierbei darum, dass wir nicht immer das Schlimmste annehmen sollten. Warum auch?

„Self fulling prophecy", also die sich selbst erfüllende Prophezeiung? Also warum nicht einfach das Bessere erwarten? Ist doch auf jeden Fall der bessere Weg.

Ebenso ist es eine Grundvoraussetzung für die heitere Gelassenheit. Also gehe ganz automatisch entspannter durch den Tag (und die Nacht), wenn du nicht immer das Schlimme, sondern das Gute erwartest.
Das erscheint doch schon einmal logisch.

Wenn ich mir jetzt auch noch meiner eigenen Stärken bewusst bin, mich auch immer wieder daran erinnere, was ich bereits schon jetzt geschafft habe und worauf ich stolz sein kann, dann weiß ich doch, dass ich vieles schaffen kann.

Und zwar viel mehr, als das, was ich bisher so alles geschafft habe. Also kann ich doch auch nach außen „demonstrieren" wie toll ich bin.

Eine gerade, aufrechte Körperhaltung, ein selbstbewusstes Lächeln, heitere Gedanken, ein fester Schritt. Einfach nach mal nach außen zeigen: „Ich bin toll und fühle mich auch so!".

Hört sich schwer an? Vielleicht. Lässt es sich lernen und üben? Auf jeden Fall! Sei dir deiner selbst bewusst!

Deiner Qualitäten, deinen Werten, deiner Geschichte und auch deiner Zukunft. *Also so wie außen, so auch innen und daher natürlich wie innen, so auch außen!*

Es hängt halt alles zusammen und ist dadurch auch steuerbar, lenkbar, planbar und vor allem erlernbar.

#30 GIB 10% (ODER WENIGER) AN DIE, DIE NICHTS ODER ZU WENIG HABEN

Ein Kollege erzählte mir gestern, dass er sich als ehrenamtlicher Helfer bei der Tafel anmeldete als er arbeitslos wurde, und von da an, einen Tag in der Woche als Fahrer arbeitete.

In diesem Sinne: Gib doch bitte etwas von dem, was du hast, an die ab, die nichts, oder weniger habt. *Und dann?*

Dann geht es dir besser, weil du damit direkt verschiedenes bewirkst. So zeigst du dem Universum zum Beispiel, dass du genug hast und im Gegenzug wird dir das Universum noch mehr geben. Zu esoterisch?

Mag sein, aber dadurch wird es nicht wahrer, besser oder falscher. Aber was ist denn, wenn es funktioniert und du es nicht machst?

Ok, jetzt lasst uns nochmal kurz über Karma reden. Meinst du es ist gut für dein Karma, wenn du anderen, die Bedürftiger sind als du, nicht hilfst?
Ich vermute wir kennen beide die Antwort.
Wie stellen wir das jetzt an?

Zum Glück führen verschiedene Wege zu einer schönen Lösung. Gewöhne dir doch einfach an, von deinem Nettogehalt eine feste Summe für Spenden vorzusehen.

Nehmen wir doch einfach mal 10% an.
Was kostet dich das wirklich?

Oder aber was wäre denn damit, wenn du dir vielleicht einfach mal ausrechnest – *wenn du die 10% dafür nicht an Geld investieren willst* – wieviel Freizeit du in etwas Soziales investieren kannst. Vielleicht ist dir das lieber.

Falls du dich jetzt fragst, was du tun könntest, sind hier ein paar Vorschläge:

Du kannst anderen etwas vorlesen oder Menschen besuchen, die alleine sind.
Oder du hilfst alten Menschen, die Angst vor Ämterbesuchen haben und da etwas Unterstützung gebrauchen können. Alternativ kannst du deiner gebrechlichen Nachbarin beim Einkauf helfen oder vielleicht jemandem mal die Einfahrt fegen, *oder oder oder*. Und wenn dir das alles nicht zusagt, dann überlege dir einfach

mal, wo du dir in einem früheren Zeitpunkt deines Lebens Unterstützung gewünscht hättest.

So, nachdem wir die Ideenfindung abgeschlossen haben, kommen wir zu dem Grund, warum es dich glücklicher machen wird.

Nachdem du es dem Universum und deinem Unterbewusstsein deutlich gezeigt hast, wirst du Folgendes feststellen: Es geht dir einfach besser.

Wenn du Geld gespendet hast, jemand anderem Respekt für seine Situation gezeigt hast, jemandem geholfen hast, dann wirst du selbst Dankbarkeit empfinden, froher werden, glücklicher sein.

Du wirst zwar wahrscheinlich nicht glücklicher sein, je mehr du gibst (wir suchen hier ja auch nicht die Ernennung zum Märtyrer), aber wir wollen dich einfach etwas glücklicher machen. Und das kann auch hiermit gelingen.

„Das Geben ist seliger als das Nehmen", und wenn es schon in der Bibel steht, dann ist es doch wenigstens einen Gedanken wert.

Und wenn du mich jetzt für verrückt hältst, ist das dein gutes Recht (und ich bin dir auch nur ein wenig böse).

Stell dir doch einfach vor, wie es wäre, wenn dir jemand einen Gefallen tut.

Einfach so, ohne Erwartungen an dich.
Einfach nur so.

Und noch viel schöner ist es, wenn du jemandem einen Gefallen tust, einfach so.

Gewöhn dich doch einfach an diesen Gedanken.

Denn glücklich zu sein, kann erstaunlich einfach sein.

#31 KONZENTRIERE DICH AUF DEIN ZIEL: DAS GLÜCKLICHSEIN

Lass uns doch einfach mal damit beginnen, dankbar zu sein. Viele werden sich jetzt fragen, wofür ist das denn gut?

Versuchen wir es doch mal. Also ich bin z.B. dankbar dafür, dass ich sehen, hören, schmecken, riechen und reden kann oder auch dafür, dass ich schreiben kann.
Alles ganz natürlich? Selbstverständlich?
Bei weitem nicht!

An dieser Stelle, denke ich sofort an meinen Kumpel und seinen coolen Blindenhund Otto!

Dieser Kumpel schafft es, jeden Tag mit Bravour zu meistern und seinem Leben mit Charme zu begegnen. Respekt!

Sobald du dir angewöhnst, Dankbarkeit zu praktizieren, wirst du merken, dass Dankbarkeit mit Fröhlichkeit einhergeht. Frage dich an dieser Stelle: **„Wofür bist du dankbar?"**

Ich bin dankbar für meine Wohnung mit einer großen Terrasse, für meine Gesundheit, für meine bezaubernden Kinder, dafür, dass ich mir einen kleinen, voll vernünftigen Wagen leisten kann und tausend weitere Sachen (Reihenfolge bedeutet hier nicht Wertigkeit!).

So jetzt nochmal: „Wofür bist denn du dankbar?"

Für dein Bett, für dein sauberes Trinkwasser, für dein Leben? Nimm dir bitte jetzt, am besten sofort, ein Blatt Papier und einen Stift und fang an aufzuschreiben, wofür du dankbar bist, worüber du dich freust, worüber du glücklich bist. Fang doch einfach damit an, wo drin du schläfst. Du hast doch ein Bett und eine Decke?

Na, siehst du.
Isst du etwas zum Frühstück? Kannst du dir das sogar aussuchen? Kannst du das Wasser aus dem Hahn, das du zum Zähneputzen nutzt, notfalls noch trinken?
Dankbarkeit sollte eines der stärksten Gefühle sein! Ausprobieren hilft!

Nun, nachdem du dir bewusst gemacht hast, was dir alles Gutes widerfährt, hilft dir vielleicht auch diese Frage:

„Warum kompliziert leben?"

Du vermisst jemanden?
Dann r*uf ihn an.*

Du möchtest jemanden treffen?
Lad ihn ein.

Du willst verstanden werden?
Erkläre es.

Du hast eine Frage?
Stell sie.

Dir missfällt etwas?
Sag es.

Dir gefällt etwas?
Teile es.

Du brauchst etwas?
Frage danach.

Du liebst etwas?
Erzähle es.

**Hauptsache du startest mit der
Dankbarkeit.**

#32 GUTE LAUNE AUF KNOPFDRUCK!

Sagt die Ameise zum Elefanten:
„Mit dir macht Wippen keinen Spaß".

Wie bekommen wir es denn hin, daraus jetzt gute Laune zu machen? Am besten auch noch auf Knopfdruck? Die Aufgabe ist doch, quasi zu jedem Zeitpunkt, wann du willst, zu guter Laune zu kommen.

Fange so an: Wenn du merkst, dass dir gerade etwas super gelingt, dir Spaß macht, Freude, Glück, Befriedigung gibt, dann „ankere" dir doch genau diesen Zustand.

Das geht, indem du dich in dein Ohrläppchen zwickst, deinen Handballen drückst, deinen Nasenrücken mit deinen kleinem Finger streichelst. Oder so etwas ähnliches.

Sei kreativ und einzigartig.
Genieße den Augenblick und „ankere" ihn mit einer einzigartigen Aktion.

Nachdem ein paar Stunden vergangen sind, geht es weiter.

Wenn du die Zeit hast, versuche dich zu entspannen und erinnere dich an das Wohlgefühl von eben.

Denke an den Moment, der dich so glücklich gemacht hat. Versuche, dich wieder in dieses Gefühl hineinzuspüren und wiederhole dann deine Anker-Aktion.

Und wenn das gut sitzt, geht es weiter.

Wenn es dieses mal noch nicht geklappt hat, suche dir einen anderen P.O.F. (Point of Fun, auf deutsch Glückspunkt).

Und starte später erneut.

Also wenn du dann soweit bist, setzt du dich ganz ruhig hin und denkst daran, wie Scheiße das ganze Leben ist.

Das Wetter, die Politik, der Weltfrieden, das Wetter, die Nachbarn, Kollegen und Chefs und nochmals das Wetter.

Und schwups, nun bist du wahrscheinlich wieder ein wenig traurig und so.

Jetzt regnet es auch noch und wird dunkel.
Oh, verdammt...

Aber jetzt kommt's:
Wir greifen auf unseren Anker zurück und
entkommen der Dunkelheit. Wir versetzen uns
gedanklich in unseren schönen, glücklichen
Bereich.

Wir nutzen unseren Anker, reiben die Nase oder
das Kinn, zwicken unser Ohrläppchen oder was
auch immer dein Anker ist.

Und wird es schon heller? Merkst du es schon?
Es kann so schön und einfach sein.

Wenn es jetzt noch nicht geklappt hat, dann halt
beim nächsten Mal. Glaub mir, es ist wirklich so
einfach, wie es sich anhört!

Probiere es einfach aus!

#33 KONZENTRIERE DICH AUF DIE BÄLLE, DIE IN DER LUFT SIND UND NICHT AUF DIE, DIE BEREITS RUNTERGEFALLEN SIND

Nun, die meisten von uns sind ja keine Zirkuskinder und können auch nicht jonglieren.

Aber wie meinst du, lernt man am besten das Jonglieren? Na klar, indem man die Bälle einfach länger in der Luft hält, als auf dem Boden.

Und was meinst du passiert, wenn man immer darauf schaut, wie oft einem die Bälle schon heruntergefallen sind? Nun, auch hier vermute ich, kennen wir die Antwort.

Erklär mir doch bitte den Sinn, warum du es im Leben anders machen solltest?
Klar, Zirkuskinder werden wir wohl beide nicht mehr, aber auf unsere Zukunft und unser Leben ist es trotzdem weiter anwendbar.

Wenn du dich also nur auf deine Misserfolge konzentrierst und nicht auf deine Erfolge, dann kann das ja auch nicht klappen.
Logisch!

Denk mal daran, wie viele schöne Sachen, dir bereits passiert sind, wie oft du wieder aufgestanden bist.

Als Kind hast du dir ja auch nicht gedacht,...

„Oh je, jetzt bin ich hingefallen.
Das mit dem Laufen ist auch nicht so ganz mein Ding, da bleibe ich doch lieber einfach erstmal liegen, wird ja schon immer einer kommen und mich dahin tragen wohin ich will."

Ne, als Zwerg hast du etwas immer wieder versucht, bis es dann geklappt hat. Hat es mal länger gedauert, hast du halt solange rumgemotzt, bis es dir jemand gezeigt hat und dann hast du es wieder versucht.

Meinst du, da warst du manchmal verzweifelt? Na klar, bestimmt. Aber Laufen haben ja dann doch die meisten von uns gelernt. Also bitte ich dich, wenn du wirklich glücklich werden und dann auch bleiben willst, dann konzentriere dich auf die Sachen, die dir schon gelungen sind.

Schau doch mal in dein Glückglas. Und wenn da noch keine Zettel drin sind, dann wird es aber höchste Zeit!

#34 VERMEIDE DIE TODSÜNDEN

Hochmut, Geiz, Wollust, Zorn, Völlerei, Neid und Trägheit des Herzens.

Hättest du sämtliche sieben Todsünden aufzählen können?

Und warum unterscheiden sie sich eigentlich von den Zehn Geboten, die doch zumindest für Christen quasi ein kompletter Verbotskatalog sind?

Eine Todsünde ist nach dem katholischen Katechismus ein besonders schweres Vergehen, durch das „ein Mensch bewusst, frei Gott und seinem Gesetz sowie den Bund der Liebe, den dieser ihm anbietet, zurückweist", so formulierte es Papst Johannes Paul II. Mord, Ehebruch, der komplette Abfall vom Glauben – das sind die schlimmen Sünden, die er dabei im Sinn hatte.

Aber selbst diese können nach christlicher Lehre vergeben werden. Was wir als die sieben Todsünden bezeichnen, sind zunächst einmal überhaupt keine Sünden, sondern Laster – schlechte Charaktereigenschaften, die einen Menschen erst dazu bringen, zum Sünder zu werden. Die Trägheit des Herzens macht uns zum Beispiel zu mitleidlosen Egoisten.

Die Ursprünge dieses Lasterkatalogs liegen in der frühen christlichen Kirche. Papst Gregor, der erste, formulierte die heute noch gebräuchliche Liste. Aber damit sollten wir uns an dieser Stelle nicht zu sehr beschäftigen!

Versuche also Hochmut, Geiz, Wollust, Zorn, Völlerei, Neid und Trägheit des Herzens zu vermeiden. Und wenn es uns mal nicht gelingen sollte, können wir immer noch auf Vergebung hoffen. Allerdings sind wir dann wieder auf das Gutdünken eines Anderen angewiesen. Und das kann unserem Glück ziemlich entgegen stehen. Also machen wir doch lieber aus
Hochmut Demut,
Aus Geiz Großzügigkeit,
Aus Wolllust Liebe,
Aus Zorn Vergebung,
Aus Völlerei Vernunft,
Aus Neid Anerkennung
und aus Trägheit Fleiß

Erscheint dir das auch Sinnvoller?
Gut, es kann ein langer Weg werden, aber es lohnt sich auf jeden Fall.

#35 VISUALISIERE DEIN GLÜCK

In diesem kleinen Büchlein schreibe ich ja immer wieder: „Nimm dir ein Blatt Papier und einen Stift,..." Nervt dich das schon? *Vielleicht*.

Es hat allerdings einen riesigen Sinn und ohne den klappen vielen von den Tipps gar nicht.

Deswegen geht es jetzt auch genauso weiter. Jetzt geht es um ein Visionboard.

Aber was ist das denn? Es gibt hier verschiedene Möglichkeiten. Ein Anfang ist schonmal, dass du anfängst aufzumalen, wie du dir etwas vorstellst.

Nun ist ja allerdings nicht jeder ein begnadeter Künstler, ich leider auch nicht, aber es ist mindestens einen Versuch wert.

Wenn die Sonne und der Strand, oder das eigene Häuschen, oder etwas ganz anderes, fertig gemalt sind, kommen wir zu Schritt zwei.

Du schnappst dir verschiedene Zeitungen, am besten Illustrierte und schneidest dir deine Wünsche und Ziele aus und klebst sie dann auf ein großes Blatt Papier.

Es sollte schon so DIN A2 groß sein.

Alternativ kannst du dir die passenden Bilder natürlich auch ausdrucken.

Und wenn du deine Wünsche aufgeklebt und gemalt hast, dürfen sie natürlich nicht in irgendeiner Ecke verstauben und nur zu Weihnachten herausgeholt werden.
Das wäre viel zu schade.

Nein, dieses Blatt Papier soll da hängen, wo du es immer wieder sehen kannst. Hänge es an die Türe, oder neben dein Bett, oder über deinen Schreibtisch.

Nun, jetzt stellt sich aber auch die Frage, wie oft du dein *Visionboard* siehst. Manche sehen es nur morgens, wenn sie aus dem Haus gehen und dann vielleicht nochmals abends wenn sie nach Hause kommen. Das ist zu wenig.

Tue dir selbst den Gefallen und fotografier es ab, dann hast du es immer wieder zur Hand oder vor Augen.

Ganz clever ist es natürlich auch als Hintergrund am Laptop, PC oder Smartphone.

Für mich habe ich auch noch ein Whiteboard aufgehangen, so 120 x 90 Zentimeter, gar nicht so klein übrigens.

Darauf befinden sich verschiedene Zeitstrahle, auf denen erkennbar ist, bis wann ich meine Ziele erreichen will.

Es hängt übrigens in meinem Wohnzimmer. So habe ich es immer im Blick und auch genau jetzt, wo ich diese Zeilen schreibe, habe ich es vor Augen. Und ich kann dir verraten, ich bin gut in der Zeit.

Wenn du dich jetzt fragst: Was bewirkt das Ganze denn dann überhaupt?

Nun, es ist ganz offensichtlich, du siehst zu allen verschiedenen Zeiten und Gelegenheiten, was für dich das Glück ist. Und wo du hin willst, und warum du was tust.

Dadurch ist es dir immer präsent und wird für dich ganz natürlich, also selbstverständlich.

Bleibe bitte dran und probiere auch das aus!

#36 SUCHE DIR DEINEN GLÜCKSORT

Ein Glücksort ist ein Ort an dem ich glücklich bin, den ich mit Glück verbinde, an dem ich glücklich war, glückliche Gedanken habe und hatte.

Einfach ein Ort an dem ich Glück hatte, an dem viele Menschen glücklich sind, waren, oder wurden. So, nachdem wir das geklärt haben, finden wir jetzt deinen Glücksort.

Hast du schon Einen?

Dann gehe öfters dahin und verweile dort lange genug, sammele dich und gehe dann in dein Leben zurück.
Jetzt wieder etwas glücklicherer.

Hast du noch keinen?

Dann gehen wir gemeinsam auf die Reise dahin.

Was kann das denn überhaupt für ein Ort sein, muss er überhaupt real sein, oder reicht da die Erinnerung, oder vielleicht ja auch nur ein kleines Bild in deinem Handy, oder deinen Gedanken und Erinnerungen.

Auch das geht hervorragend.
Es gibt sogar schon Bücher darüber, wo in deiner Stadt die Glücksorte sind.

Das sind dann aber allerdings die Orte von den Anderen, und müssen dadurch gar nicht deine eigenen sein. Es sind allerdings schon einmal gute Tipps.

Wenn du dich versuchst daran zu erinnern, an deinen Glücksort, deine Gedanken loslässt, an was denkst du dann?

Wahrscheinlich hilft hier mal wieder der berühmte Zettel. Oder der Blick in deine Sammelschublade, oder Fotoalben, oder Poesiealben, oder in deine Vergangenheit, oder auf dein Visionboard, in den Reisekatalog, oder sogar auf Youtube.

Lass dir bitte Zeit dafür.

Keine Sorge, es können ja auch mehrere Lieblingsorte sein. Einen für Lebensfreude, einen für Partnerschaft, Glück, Zukunftserwartungen, Liebe und Freude.

Schreibe sie dir alle auf und denk mal drüber nach, wann du das letzte Mal da warst. Wahrscheinlich schon ziemlich lange nicht mehr.

Und warum?

Tja, das musst du dich selbst fragen, aber wahrscheinlich kennst du deinen eigenen Grund dafür. Aber den kannst du doch mal weg schieben und bald möglichst dahin fahren. Genieße das Glück, was du damit verbindest.

Ich glaube aber doch, dass es eine Alternative geben kann. Und die ist schon wieder viel näher, als du vielleicht zuerst vermutest.

Manchmal geht es nicht, dass du zu deinem Lieblings-Glücksort fährst. Er ist vielleicht auf der anderen Seite der Welt und das kann doch ein wenig beschwerlich, und eventuell auch viel zu teuer sein. Schier unbezahlbar.

Dann ist es doch besser, wenn dein Glücksort viel näher ist. Ein Ort, in den du immer dann eintauchen kannst, wenn du ihn gerade nötig hast. Was hältst du denn von einem schönen Bild von deinem Glücksort?

Das kannst du dir immer dann anschauen, wenn dir danach ist und du einen Moment Frieden brauchst.

Mache also ein Foto von deinem Glücksort oder male ihn dir.

So geht das schon und du hast deinen eigenen kleinen Glücksort immer dabei, also quasi als Taschenglück.

#37 ACHTE AUF DEINEN RAUM UND LASS DICH NICHT ZUMÜLLEN

Kommt dir folgende Situation bekannt vor?

Es gibt doch immer wieder Kollegen oder Menschen im eigenen Freundeskreis, die es immer wieder machen.
Wohl unbewusst, bestimmt selten mit bösem Willen, aber es passiert immer wieder.
Wovon rede/schreibe ich hier?

Nun, kommen wir zu der Geschichte:
Du sitzt schön gemütlich in deinem Büro, denkst an nichts Böses, arbeitest ganz intensiv an einem interessanten Projekt, dann geht die Tür auf und eine Kollegin kommt zur Türe rein.

Sie lächelt nett und fragt, ob du gerade einen Moment Zeit hast. Eine alltägliche Situation und du vermutest gar nichts böses. Und dann machst du schon den nächsten Fehler.

Du sagst, zwar etwas gestresst, aber freundlich lächelnd „Klar, für dich nehme ich mir gerne Zeit."

Obwohl du sie eigentlich gar nicht hast.

Ihr sitzt euch lächelnd gegenüber und plaudert ein wenig über das Wetter, Essen, Urlaub, Kinder und dann kommt es! Du ahnst es schon, es kommt DAS Problem.

Ihr Problem. Und sie erzählt und erzählt es dir noch detaillierter, als du es dir jemals vorgestellt hast. Und sie erzählt immer weiter.
Tja, was machst du? Du hörst weiter zu... und weiter... und weiter... und weiter...

Die Zeit verrinnt, dein Arbeitsstapel wächst immer weiter (leichtsinnigerweise hast du deinen E-Mail-Posteingang nicht auf lautlos gestellt und hörst daher immer wieder ein kleines *Pling*, und dies bedeutet, du ahnst es schon, eine neue Mail mit neuer Arbeit).

Und es wird immer weiter erzählt. Nun, irgendwann verstummt der Redefluss und deine Lieblingskollegin steht lächelnd auf, befreit und sehr entspannt.

„Sehr schön! Gern geschehen, auf wiedersehen, bis bald." Nun, das macht man doch gerne, denn auch dafür hat man doch die lieben Kollegen. Tja, wenn es nur einmal wäre oder nur eine, dann ginge es ja auch.

Irgendwie ging mir das gefühlte Jahre so
 Und irgendwann ging es nicht mehr.
Was also tun?

Ich wusste es echt nicht. Dann kam die Lösung
kam durch ein Gespräch mit einem Menschen,
den ich gar nicht leiden kann, aber er zeigte mir
unbewusst die Lösung auf.

Er erzählte mir eine Geschichte, eine ganz kurze.
Und ich vermute, dadurch wird es dir auch
klarer. Er erzählte davon, dass ich in eine Falle
getappt bin und stellte es mir sogar bildlich dar:

Dein „Besuch" kommt in dein Büro und will dir
ganz dringend etwas erzählen, ein Problem, ein
Skandal, eine Unverschämtheit, alles ganz
wichtig! Nun, und damit geht es los.

Wenn wir uns jetzt vorstellen, dass dieses
Problem eine Mülltonne ist, mit ein wenig
stinkendem Müll drin, und dein Besuch kippt dir
voller Genuss SEINEN Müll in dein Büro und
geht dann ganz entspannt wieder weg, weil der
Müll liegt ja jetzt nicht mehr bei ihr/ihm
sondern, du ahnst es schon, bei dir liegt.
Tja, da ist er nun, der stinkende Müll.
Bei dir. Blöd, oder?

Also du bist der nette Mensch, deine nette Kollegin kommt immer wieder gerne zu dir, weil du ja so gut zuhören kannst und es ihr danach immer viel besser geht.

Und kippt ihren Müll immer wieder gerne bei dir aus... Ich will gar nicht sagen, um dich absichtlich zu belasten, aber genau so ist es.

Deinem „Müllbesucher" geht es besser und dir geht es immer schlechter.
Keine Win-Win-Situation, oder?

Und daher musste ich etwas ändern!
Bei mir ist es jetzt folgendermaßen. Als erstes habe ich einen Zettel geschrieben. Schwarze Schrift auf orangenem Untergrund:

FÜR DIESES GESPRÄCH STEHE ICH NICHT ZUR VERFÜGUNG!

Ein kurzer Blick, ggf. mit einem Nicken in die Richtung Zettel stoppte bisher die Meisten der „Mülltonnenentleerer".

Weiterhin habe ich angefangen, nicht auf die Probleme einzugehen, sondern positive Aspekte einzuwerfen, immer wieder und immer wieder.

Ich stehe heute nicht mehr zur Verfügung für den immer wieder kehrenden Quatsch und immer wieder auftauchenden Probleme.

Das wir uns hier nicht falsch verstehen, wenn meine lieben Mitmenschen ein Problem haben, ein echtes Problem, dann stehe ich gerne zur Verfügung und helfe. Aber bei einer Müll-Umverteilung, stehe ich nun nicht mehr parat.

Und ich kann dir verraten, es funktioniert hervorragend und was viel wichtiger ist, es geht mir bedeutend besser – Und meine Kollegen mögen mich immer noch.

Probiere es mal selbst aus und dadurch wird es dir noch besser gehen.

Ach ja, und es geht hier nicht nur um den Bereich des Büros, hast du dir bestimmt auch schon gedacht, sondern eigentlich um alles.

Also auch zu Hause, in der Bahn, in der Werkhalle, im Freundeskreis, und so weiter.

#38 LIEBE

Was ist Liebe für dich?
Ich glaube, Liebe heißt bestimmt
für jeden etwas anderes.
Und das kann sich auch noch im Laufe deines
Lebens verändern. Manchmal sogar schneller
als du denkst.

Also was ist es denn heute für dich?

Die Liebe eines anderen Menschen zu dir?
Dein Kind, das dich liebt? Dein Partner, der
dich liebt? Oder vielleicht dein niedlicher Hund?
Und was setzt Liebe denn eigentlich voraus?
Muss sie überhaupt gegenseitig sein oder reicht
es auch, wenn sie nur in eine Richtung geht?
Was ist denn das Richtige? Willst du auch
geliebt oder nur geschätzt, gewürdigt,
respektiert werden?

Uih, irgendwie ist Liebe dann doch etwas
komplizierter, merke ich gerade wieder.
Nun, lass uns aber dann doch zusammen einen
schönen Weg finden. Liebe füllt Millionen von
Seiten in Prosa und rosa, in Gedichten, Liedern.

Das zeigt uns doch ganz deutlich:

Es gibt unendliche viele verschiedene Arten der Liebe, dass es den Umfang dieses Buches hoffnungslos sprengen könnte.

Stattdessen werde dir klar darüber, was die Liebe für dich ist. Das ist wichtig. Werde dir wirklich darüber klar und dann lasse es dann geschehen. Es liegt an dir, ob du dich lieber finden lassen willst oder ob du selbst aktiv loslegen willst.

Auch das liegt in dir, in deiner Zeit und in deinem Lebensweg. Lass los und die wahre Liebe wird dich finden.

So liegt es zum Beispiel an dir, ob du dich lieber finden lassen willst oder selbst aktiv auf die Suche nach der Liebe gehen möchtest. Auch das liegt in dir, in deiner Zeit und deinem Lebensweg. Ich persönlich glaube ja, die wahre Liebe wird dich finden, wenn du loslässt.

Jetzt wäre es nur auch noch sehr schön, wenn dein Partner das auch genauso empfindet wie du. Wenn nicht, wäre es ja irgendwie blöd. Also lass es geschehen, erzwingen kannst du eh nichts.

#39 LIEBE DICH SELBST

Was hältst du eigentlich von dir selbst? So jetzt mal ganz ehrlich, wir sind ja unter uns. Also es geht nicht darum, was andere von dir halten, sondern du ganz alleine von dir.

Hm, nicht so viel? Eher, na ja, geht so?

Oder „Ich bin der tollste Mensch auf der Welt"? Oder dann doch eher das andere?
Wie geht es dir denn damit? Nicht so toll?

Nun, willst du das ändern? Oder ist es so wie es ist, okay für dich? Und was hat das ganze denn jetzt auch noch mit dem Glück zu tun?

Ich vermute, du ahnst es schon, es ist eine ganze Menge. Wenn du eher so der der Mensch bist, dem das nicht so wichtig ist, was andere von ihm halten, kann das schon einmal eine Möglichkeit sein, zu erkennen, dass das Glück beinhaltet.

Wenn du allerdings mehr der Typ Mensch bist, dem das nicht egal ist, dann könnte das schon ein Problem sein. Wenn du so drauf bist „Ich will aber von allen geliebt werden", ist das schon etwas schwieriger.

Und was hat das Ganze denn jetzt mit der Eigenliebe zu tun? Leider oder Gott sei Dank, eine ganze Menge.

Wie kann denn jemand anderes dich toll finden, wenn du dich selbst nicht so toll findest und eher ziemlich unglücklich mit dir selbst bist?

Du erkennst es schon, das kann ein ziemlicher Teufelskreis sein.

Ich liebe/mag mich nicht, dann lieben/mögen mich andere auch nicht. Wenn ich selbst für mich nicht erkenne, dass ich liebenswert bin, wie sollen es die anderen dann erkennen?

Und nun?
Versuchen wir es doch mit einem kleinen Trick.

Wiedermal Zettel und Stift raus, den Zettel längs, Rechts ein Plus, links ein Minus-Zeichen aufmalen.

Dann fängst du auf der Minus-Seite an:
„Was ist blöd an dir?"

Hier überlegst du dir 5 Sachen und schreibst sie auf.

Dann geht es weiter auf die rechte Seite: Hier überlegst du dir 10 Sachen.
„Was ist toll an dir" und schreibst sie, eine nach der anderen, auf.

Und nun?
Kleiner erster Trick: Du siehst, dass es doppelt so viel Gutes wie schlechtes von dir gibt!

Ein zu billiger Trick? Mag sein, bewirkt aber etwas in deinem Hinterstübchen bei dir.

Kontrolliere dich selbst, indem du für jedes „blöde" zwei tolle Sachen an dir suchst und gefälligst auch findest!

Aber es geht noch weiter. Wie willst du denn, das andere dich sehen? Zettel?
Genau... Dreh den Zettel um und schreib auf, wie du gerne sein möchtest, oder wie dich Andere sehen sollen.

Wir wollen doch alle erscheinen, wie unsere Vorbilder oder Idole.

Wollen zum Beispiel so singen können wie sie – bei mir reicht es nur für unter der Dusche und richtig Textsicher bin ich auch selten, aber es macht mir halt Spaß – oder ähnlich aussehen oder den Duft haben, den sie kreiert haben oder das Auto fahren oder so ein Leben führen wie diese Instagram-Stars mit Millionen von Followern.

Also, los geht's.

Erledigt? Alles aufgeschrieben?

Nun, dann geht es weiter. Versetze dich doch jetzt in die Situation, stelle es dir vor als ob, traue es dir einfach zu.

Was soll schon passieren?

Nix. Wir sind ja zuerst nur mal so in deinem Kopf, in deinen Gedanken unterwegs.

Bitte doch einfach mal andere Menschen, die dir vertrauen, die dich mögen oder sogar lieben, auf einen Zettel einfach mal, etwas Schönes über dich zu schreiben:

Genau das, was sie an dir schätzen, mögen, lieben. Probiere es aus und du wirst erstaunt sein, wie dich diese Menschen sehen.

#40 WEM ICH DIE SCHULD GEBE, DEM GEBE ICH DIE MACHT. ALSO HÖR AUF DEN ANDEREN DIE SCHULD ZU GEBEN

Ein ganz schön schwerer Gedanke. Er beschäftigt mich aber schon sehr lange.

Ehrlich gesagt, sogar schon viele Jahre. Seit Jahren ist er einer meiner Leitsprüche und ich muss gestehen, er ist sehr kraftvoll, manchmal verstörend, aber alles in allem sehr, sehr sinnvoll!

Lasst uns doch einfach gemeinsam etwas daran arbeiten und zusammen herausfinden, warum er so kraftvoll ist.

Es hört sich zwar jetzt nicht sehr sexy an, aber diese Sichtweise wird dein Leben stark vereinfachen und dich mal wieder ein ordentliches Stück (wir denken an unsere Pizza) glücklicher machen. Los geht's.

Kennst du das auch? Irgendjemand geht dir so richtig auf den Sack. Oh, bitte entschuldige meine Ausdrucksweise, auch ich bin manchmal sehr sensibel, also verspreche ich dir, meine Ausdrucksweise zu mäßigen. *Deal?*

Ok, weiter geht's.

Also, nur mal angenommen, es gibt jemanden der dir so richtig auf die Nerven geht und du weißt gar nicht so richtig, wieso das so ist.

Dann kommt noch hinzu, dass du dich gar nicht dagegen wehren kannst, was irgendwie noch schlimmer ist. *Verrückt, oder?*

Schon mal darüber nachgedacht, wieso das so ist?
Eigentlich ganz einfach. Du nimmst dieses Menschenskind einfach zu wichtig.
Aber warum? Warum ist das so?

Dieser Mensch löst etwas in dir aus.
Er sagt etwas und du gehst an die Decke. Er sagt etwas zu dir und du bist zu Tode betrübt. Er sagt etwas und du zweifelst an dir...
Kennen wir doch alle, oder? Findest du das ok?

Also mir hat das nicht gefallen und daher musste ich das für mich ändern. Kurz und einfach gesagt, dein Gegenüber handelt nach seinem bestem Wissen und Gewissen.
Deine Eltern übrigens genauso wie dein Onkel, Tante, Neffe, Nichte, Bruder, Schwester, Kind,

Freund, Freundin, Nachbar, Chef, Chefin, Kollegen, Gläubiger, Schuldner, Mieter, Vermieter,... Und eigentlich, eigentlich können die da alle gar nichts dafür.

Sie sind so groß geworden, erzogen worden, geprägt wurden durch – *du ahnst es schon* – durch ihre Eltern, Onkel, Tanten, Neffen, Nichten,...

Und wem willst du jetzt einen Vorwurf machen?

Vielleicht der toten Oma, die immer so lustig war? Na, ich glaube wohl eher nicht.

Und wohl auch keine gute Lösung, sie war doch immer so schön lustig und roch nach 4711.

Willst du dein Leben wirklich von jemandem, der dich vielleicht gar nicht mag oder schätzt, vielleicht sogar gar nicht mehr lebt, so beeinflussen lassen?

Ich meine weiterhin: **Nein**!

Hier also der Glücks-Tipp:
Vergebe ihnen IHR Fehlverhalten.

Verzeih ihnen, dass sie versuchen oder versucht haben, dich runterzuziehen, fertig zu machen, oder dir anderweitig zu schaden.

Lass los, lass es doch einfach los.

Versuch es, trainier es, üb es, mach es einfach....
Zeige Größe, verzeihe und es geht weiter.
Damit geht es dir besser, viel besser.

Vertraue mir und probiere es einfach einmal aus und dann immer wieder.

Und von mal zu mal wirst du immer glücklicher!

#41 LASS DEINE VERGANGENHEIT LOS

Wodrauf richte ich meine Gedanken?

Mir ist gestern wieder bewusst geworden, was wirklich wichtig im Leben ist.

So hatte ich gestern ein kleines spontanes Coaching mit einer Dame, die sich im Moment doch ein wenig schwer tut. Sie erzählte mir etwas über ihr Leben, ihre Krankheiten und viele andere eher unschöne Themen.
Irgendwie steigerte sie sich, unbemerkt von ihr, immer weiter hinein.

„Alles schrecklich, alles doof, alles hoffnungslos, traurig, traurig, traurig."

Da ich sie aber nicht immer weiter und tiefer in ihre Depri-Phase reinrutschen lassen wollte, unterbrach ich sie und setzte einen Stop in ihren Gedanken.

Denn es war ja klar, dass es mit dem Aufzählen der gesamten Kacke in der sie sich zurzeit befindet, gar nicht besser werden kann.
Und sowieso, geholfen ist ihr damit auch nicht.
Behutsam lenkte ich unser Gespräch in eine

andere Richtung: Was toll ist, was sie mag, was ihr Spaß macht, woran sie Freude hat.

Zwar rutschte sie immer wieder kurz in die „alles Scheiße"-Richtung ab, aber mit konsequenter Betrachtung der schönen Dinge und passenden Fragen von meiner Seite, sah sie auch wieder das Schöne in ihrem Leben.

So einfach soll das sein?

Einfach den Blick und die Gedanken von dem Doofen weg lenken, in Richtung des Schönen. Kaum zu glauben, aber genau so funktioniert es. Richte deinen Fokus, deinen Blick auf das Positive, das Schöne, was war, was ist und was sein kann.

So einfach soll das sein?

Ja, so einfach. Glaub es, oder nicht, so einfach kann es sein! Probiere es doch einfach aus. Erstmal einen Tag oder nur eine Stunde und dann schau mal, womit es dir besser geht.

#42 WIE GEHST DU MIT DER ANGST UM?

Angst kennst du doch bestimmt auch.
Entweder so als kurzes Erschrecken, also etwas,
was ganz schnell wieder vorbei ist. Oder auch
so eine Angst, die immer wieder kommt und
einfach nicht weg geht? Geht es dir gut damit?
Wahrscheinlich wohl nicht.

Wikipedia sagt dazu:
„Angst, ist ein Grundgefühl, das sich in als
bedrohlich empfundenen Situationen als
Besorgnis und unlustbetonte Erregung äußert.
Auslöser können dabei erwartete Bedrohungen,
etwa der körperlichen Unversehrtheit, der
Selbstachtung oder des Selbstbildes sein.
Krankhaft übersteigerte Angst wird als
Angststörung bezeichnet."

Da können wir alle etwas mit anfangen, aber
jeder geht damit etwas anders um. Wie wäre es
denn mit einer Lösung, die für fast alle und alles
gilt?

Nun gut, eine Kartoffel und ein Ei haben wir ja
alle schon mal gesehen.
Jetzt fragst du dich vielleicht, in welche Richtung
dieser Tipp jetzt schon wieder geht.

Es ist ja so:
Wenn ich ein Ei in kochendes Wasser lege,
wird das Ei mit der Zeit hart,
aber wenn ich die Kartoffel koche,
wird sie weich.

Du ahnst, nach kurzem Überlegen, worum es
geht? Genau, es geht darum, wie ich mit der
Angst umgehe. Einfach?

Vielleicht...
Wir reden hier nicht von Angststörungen, die
pathologisch sind. Bei Panikattacken ist wohl der
Kontakt zum Onkel Doktor besser.

Aber versuch trotzdem vorher mal, was ich
empfehle. Denn es gibt immer mindestens zwei
Möglichkeiten, wie ich mit jeder Situation
umgehe und vielleicht reicht es ja im ersten
Schritt zu überlegen, ob ich das Ei oder die
Kartoffel bin.

Das ist grundsätzlich beides an und für sich gut.,
also der Eine hat halt die Strategie, die man sich
halt so erarbeitet, oder angewöhnt hat und der
Andere eine andere Strategie.

„Jeder Jeck ist anders", wie man in Köln sagt.

Alles kein Problem und nicht schlimm, wenn denn da nicht noch eine andere Geschichte wäre. Und zwar die vom Frosch im kochendem Wasser. Und jetzt wird es spannend.

Du kannst dir bestimmt vorstellen, dass ein Frosch, den man ins kochende Wasser wirft, super schnell wieder hinausspringt.
Es ist ja nicht blöd, der liebe Jung.

Wenn man allerdings den Frosch im kühlen Topfwasser auf die Flamme setzt und langsam erhitzt, dann schwimmt er gemütlich darin und wird so langsam gekocht, ohne das er es bemerkt.

Ein paar Minuten später ist er dann durchgegart (und tot). Obwohl ich früher Koch war, kann ich mit Glück sagen, dass ich so etwas Schlimmes nur aus der Theorie kenne. Gott sei Dank, übrigens.

Was will ich damit sagen?

Nun, egal in welchem Wasser es anfängt, ... gekocht werden ist der falsche Weg.
Und wir dürfen es alle nicht zulassen, dass unsere Angst uns kocht.

#43 RESSOURCENDUSCHE

Hast du das Wort „Ressourcendusche"
überhaupt schon mal gehört?
Und was ist überhaupt eine Ressource?
Als kurze Erklärung Folgendes:

Ressourcen umfassen den Bestand,
Fundus, Inventar, Vorrat an dem, womit eine
gewünschte Veränderung erzielt wird.

Soll also heißen, du rufst mit einer Ressource,
das in dir wieder zum Vorschein, was bereits in
dir steckt, also bereits da ist.

Ich habe es in einer Coaching-Weiterbildung
kennen gelernt. Es ist eine wirklich schöne Sache
und du solltest es wirklich mal ausprobieren.
Es gibt hier verschiedene Möglichkeiten und
zwei stelle ich dir hier vor.

Für das eine benötigst du schon mindestens
einen anderen Menschen, allerdings gilt:
„Je mehr, desto besser."

Sammle dir ein paar Menschen, die dich mögen,
oder schätzen und bitte sie darum, deine
positiven Eigenschaften zu sammeln.

Vielleicht auf einem Zettel oder nur in ihrem Hinterstübchen. Nachdem du ihnen die Zeit gegeben hast, bitte sie, sich im Kreis um dich aufzustellen – *bei nur einem Duschpartner ist das im Kreis natürlich etwas schwerer.*

Nun wende dich deinem ersten Partner zu, lächele ihn an und höre ihm zu, was er so nettes über dich zu sagen hat.

Wenn er fertig ist, bedanke dich und wende dich deinem nächsten Menschen zu.
Nachdem du die Runde beendet hast, kannst du dich auch einreihen und bittest den nächsten in die Mitte. Und nun darf er oder sie sich auch über eine Lobeshymne von den anderen Teilnehmern freuen.

Wer es gemacht und erlebt hat, spürt ein sehr wohliges Gefühl in seinem Herzen und ja, das kann man fast schon als Glück beschreiben.

Schön, oder?

Die andere Möglichkeit ist auch schön und dabei auch noch sehr alltagstauglich. Man hat ja nicht immer eine Horde von netten Menschen um sich herum, die dann auch gerade Zeit hat.

Nun, mach dir doch eine Liste von den Sachen, die dir gut an dir selbst gefallen.

Zum Beispiel:

„Du bist schön, deine Augen strahlen, du bist ein guter Mensch, du lachst gerne, du freust dich auf deine glückliche Zukunft, du glaubst an das Glück,..."

Wenn du sie hast (und sie ist selten komplett fertig), nimmst du dir ein „Aufzeichnungsgerät", liest dir diese Liste selbst laut vor und nimmst diese ganzen tollen Sachen auf.

Wenn du damit fertig bist, hast du jetzt immer die Möglichkeit – *selbst wenn du in der Straßenbahn stehst* – in Ruhe zu duschen.

#44 WAS DICH NICHT GLÜCKLICH MACHT, KANN WEG

Seien wir ganz ehrlich, wissen tun wir das doch alle. Aber wieso fällt es uns denn so schwer, Menschen, Sachen, Situationen aus unserem Leben zu entfernen, die uns offensichtlich nicht gut tun? Hast du es denn schon ausprobiert?

Vielleicht noch nicht oft genug, vielleicht aber auch noch nie. Aber was hält dich denn davon ab? Du kennst die Wahrheit, wahrscheinlich.

Was lässt uns denn davor zurückschrecken? Mit großer Wahrscheinlichkeit die Angst vor den Konsequenzen. Aber was kann denn schon passieren? Halten wir doch einfach fest: *Eine Situation macht dich unglücklich.*

Und das ist nicht gut. Es macht dir Falten, Herzschmerzen, Magenschmerzen, lässt dich krank werden und nicht allzu alt, wenn es ganz schlimm ist.

Oder unglücklich und alt. Und das will doch wohl keiner. Oder willst du ein grummeliger, alter Mensch sein? Also ich nicht.

Die Entscheidung liegt bei dir.

Nun, lass es uns doch einfach mal ausprobieren, vielleicht starten wir mit etwas kleinem, nicht arg Schlimmen.

Lass uns gemeinsam ein Beispiel finden.
Zum Beispiel das „Kaffee trinken".

Du weißt bestimmt, dass zu viel Kaffee nicht so gut für dein Herz, deinen Magen und vielleicht noch andere Dinge ist.

Mehr als drei Tassen am Tag sollten es tatsächlich nicht sein. Dann reduzieren wir das Ganze doch einfach mal um eine Tasse. *Tut weh?*

Nein, nicht wirklich. Was ist schon eine Tasse weniger pro Tag. *Nichts*, richtig.

Anderes Beispiel. Was wäre mit einer Stunde weniger TV gucken oder einfach ein Glas Wasser mehr zu trinken? Das hilft zwar schon etwas, aber hat noch nichts mit weglassen und loslassen zu tun. Wie finden etwas Richtiges.

Nehmen wir ein persönliches Beispiel: Es gibt doch diesen einen Freund, diese eine Freundin, die wir zwar schon ewig lange kennen, aber die wir gar nicht mehr so richtig mögen und uns immer wieder aufregt, wenn wir sie wieder treffen, sehen oder hören?

Ich glaube ja, dass jeder so einen Menschen in seinem Leben hat. **Das wäre doch jetzt die Gelegenheit**.

Wenn du dir wirklich sicher bist, dass sie dir nicht guttut, dann hinfort mit ihr.
Keine Antwort mehr auf Telefonate, Anrufe, keine lustigen Smileys per Handy, Kontakt bei Social Media löschen und aus.

Erscheint dir zu brutal? Nö, das muss es gar nicht. Denn du hast entschieden, dass dir dieser Mensch nicht gut tut und dann musst du handeln. Es soll dir doch besser gehen.

Notfalls kannst du das auch wieder rückgängig machen. Kannst ja sagen:

„Der Guido ist Schuld, der hat gesagt, ich soll das machen." Ich stehe zur Not für dich ein!

Du musst die Verantwortung für dein eigenes Leben übernehmen! Wenn du nicht gerade erst

12 Jahre alt bist, musst du da eben durch und damit fängt es nun mal an.

Vertrau mir, es wird dir nach dem Löschen bei z.B. Facebook einen Moment schlecht gehen, das mag sein, aber dann wirst du befreit sein.
In Echt.

Vielleicht gewöhnst du dich sogar daran und überlegst dir dann noch weiter, wer deinem Glück sonst noch so im Weg steht.

Den Miesepeter kannst du dann auch noch entfernen. Was ist denn, wenn diese eine „Freundin" es noch nicht mal merkt? War sie denn dann überhaupt deine Sorgen wert? Ich meine nicht. Und wenn sie es merkt und sich dann beschwert?

Nun, da du sie ja auch gesperrt hast, bekommst du es ja gar nicht mit. Vielleicht aber gibt sie sich ja auch dann etwas mehr Mühe, und ihr werdet wieder beste Freunde.

Es ist mehr als einen Versuch wert!

#45 MACH EINE „100 TAGE"-CHALLENGE

Eine „100 Tage"-Challenge?
Warum? Wieso? Wofür?

Hast du nicht auch so die eine Sache, die dich immer schon beschäftigt, aber immer noch nicht angefangen, geschweige denn, erfolgreich absolviert hast.

Also mich hat das schon immer mal gereizt. Bei mir war das folgendes: Ich war nicht so richtig zufrieden mit meiner allgemeinen Fitness, meiner Figur und so. Kommt dir vielleicht bekannt vor?
Nun, wir sind nicht alleine.

Treppensteigen fand ich klasse bis zur ersten Etage, die zweite war schon ein wenig doofer und ab der dritten war es dann fast vorbei mit meiner guten Laune.

Abgesehen von dem Bauch und der Kraftlosigkeit. Rückenschmerzen ließen sich auch erahnen. Manchmal. Also wurde es Zeit etwas zu ändern. Und dann bitte auch richtig. Im Sportstudio war ich ja schon länger angemeldet, zahlte auch regelmäßig den Beitrag, ging ein, zweimal hin und das war es dann auch schon wieder vorbei mit der Motivation.

Und irgendwie dieses *Ab-und-Zu*-Hingehen oder nur am Wochenende oder nur Montag, Mittwoch und Freitag, war auch nicht das richtige für mich. Also war die Lösung für mich, jeden Tag Sport zu machen. *Uff.*

Zwar wollte ich nicht jeden Tag ins Studio, aber jeden Tag mindestens eine Stunde sportliche Betätigung musste doch wohl drin sein.

Plan gefasst, Überlegung erfolgreich absolviert, Plan steht. Ich habe mir einfach überlegt, was mir wichtiger ist? Gesundheit oder Faulheit? Also ich bin lieber gesund und faul, als krank und faul. Aber ersteres geht nicht oft Hand in Hand.

Also gab es nur eine Option: 100 Tage lang jeden Tag mindestens eine Stunde Sport.

Ins Fitnessstudio, spazieren gehen, wandern, laufen, rudern, Gassi gehen, Treppen steigen, stramm gehen, *whatever...* Es liegt ja an jedem selbst, was er unter Sport versteht. Die Liste der Möglichkeiten ist unendlich.

Ich will nicht verschweigen, dass 100 Tage eine enorm lange Zeit sind, aber wenn du es erreicht hast, **macht das nicht nur ziemlich stolz, sondern auch sehr glücklich**.

Wenn dir 100 Tage zu viel erscheinen, starte doch einfach mit 21 Tagen und gehe dann höher auf 50, dann auf 75 und dann vielleicht doch irgendwann auf die 100.

Vor dem Start:
Stelle dir genau vor, warum du es willst, finde dein Ziel, stelle es dir vor, male dir ein Bild davon, erstelle eine Collage davon (schneide dir Bilder aus, die dein Ziel zeigen) und hänge das ganze als Bild an die Wand, an der du es immer wieder siehst.

Schmink- oder Rasierspiegel, Wohnungstüre, im Auto an das Armaturenbrett, als Bildschirmhintergrund am Computer oder als Hintergrund auf deinem Smartphone.
Da gibt es viele Möglichkeiten. Fordere dich heraus und starte.

Es kommt natürlich immer darauf an, was du für ein Typ bist.

Manche von uns teilen solche „Wettkämpfe"
öffentlich, manche nur mit Freunden oder der
besten Freundin, oder sogar ihrem Feind.

Manche wollen das gar nicht publik machen und
bewerkstelligen das ganz alleine.

Jeder wie er will, völlig okay.

Auf Instagram, unter @hllrguido, kannst du
mir dabei zuschauen, wenn ich wieder eine
„100 Tage"-Challenge absolviere.

#46 FINDE DEINE GLÜCKSHALTUNG

Wenn alles nicht hilft, versuch es doch einfach mal mit deiner Glückshaltung.
Fragst du dich, was das denn für ein Tipp sein soll? Ja, und der Tipp ist sogar richtig gut, sonst hätte er es ja auch nicht in dieses Buch geschafft!

Aber lass uns doch mal drüber nachdenken. Wenn es dir schlecht geht, dann merkt das auch dein Umfeld, also deine Familie, Freunde, Kollegen und der Rest, auf den du so im Laufe des Tages triffst.

Wenn du dir jetzt, so im Nachhinein, die Frage stellst, warum die das denn eigentlich merken, ist die Antwort ganz schön schnell da, oder? Was meinst du?

Ich halte es für relativ offensichtlich, dass es fast alleine an deiner Körperhaltung liegt. Wie laufen wir denn rum, wenn es uns nicht so gut geht oder sogar ziemlich schlecht?

Na, bestimmt nicht mit dem strahlendsten Lächeln, was uns der liebe Gott geschenkt hat, sondern eher missmutig, hängende Schultern, eventuell auch etwas in uns zusammengefallen, einfach mal so richtig grummelig.

Jetzt erscheint es gar nicht mehr so unlogisch, wieso es fast jeder bemerkt, wenn es dir nicht so gut geht.

Wie bekommen wir das denn geändert?
Du kennst doch bestimmt auch diesen einen Spruch „Wie innen so außen oder wie außen so innen".
Und damit sind wir genau bei dem richtigen Punkt. Das kann dich schon massiv beeinflussen. Wenn du es willst und wenn du es ausprobiert hast, stellst du schnell fest, es hilft wirklich.

Also wenn es dir mal wieder schlecht geht und du das gerne ändern möchtest, dann probiere folgendes einmal aus:

Stelle dich gerade hin,
schaffe etwas Körperspannung,
schaue gerade aus,
nimm also Haltung an.

Und jetzt kommt das spannendste:
Lächele.

Erst ein wenig, dann vielleicht auch mit etwas Zähne zeigen. Nicht zu viel, nur so ein wenig.

Achte darauf, dass du in deiner Glückshaltung bleibst, auch wenn dein Körper zunächst vielleicht in deine „alte" Körperhaltung zurückfallen möchte.

Also wieder gerade stehen, Schultern zurück und weiter lächeln.

Auch wenn es dir zu Anfang schwerfällt und probiere es immer wieder aus. Achte auf dich und deine Haltung.

Du wirst sehr schnell merken, dass es deinem Umfeld auffällst und du wirst genauso merken, dass es einen wirklichen Einfluss auf deine Laune hat.

Und das zum Besseren.

#47 VERLIERE DEINE ANGST

Angst gehört wohl zum Leben dazu. Es hat ja auch seine Berechtigung, oder? Aber natürlich!

Wenn ich keine Angst hätte, würde ich einfach Risiken eingehen, die mich oder mein Umfeld wahrscheinlich ziemlich gefährden würden. Und das macht doch keinen Sinn.

Es gehört zum Leben und Lernen einfach dazu. Hätte ich keine Angst vor dem Schmerz eines Unfalles, würde ich doch einfach über die Straße laufen, ohne auf den fließenden Verkehr zu achten. Macht das Sinn? *Natürlich nicht.*

Aber ich denke, es ist uns allen klar, dass es nicht um diese Art der Angst geht. Es geht wohl mehr um die Angst, die uns erfassen kann, ohne dass wir den wahren Grund dafür erkennen können.

Was dann? Und was hat das ganze denn überhaupt mit deinem Glück zu tun? Eine ganze Menge, denn da wo Angst ist, kann ja gar kein Glück entstehen.

Nun ist es natürlich so, dass du wächst, indem du mutig bist und die Angst überwindest. Ein

Leben ganz ohne Angst würde bedeuten, dass du nicht wachsen kannst und du für immer da bleibst, wo du jetzt bist.

Also finden wir hier einen Weg, der dir dein Leben besser, wenn nicht sogar glücklicher macht.

Spüre die Angst und mach es trotzdem!

Was kann dir denn passieren?

Du kannst es dir natürlich im Vorfeld ganz genau überlegen, was passieren kann und schiefgehen könnte, aber macht das Sinn? Ich meine nicht.

Also stell dir doch einfach vor, wie es gut geht. Wir machen das übrigens jeden Tag hunderte Male. Wenn du eine Straße überquerst, dann weißt du doch wie es ist, wenn du die andere Straßenseite erreichst.

Du denkst gar nicht darüber nach, wie du in das nächste Krankenhaus kommst.
Du weißt einfach, dass du unfallfrei auf die andere Straßenseite gelangen wirst.

So, und jetzt nutzen wir dieses Beispiel doch einfach für unser Leben und gelangen so in unser Glück.

Schöne Vorstellung? Allerdings.

Genau so gelingt es.

Lass uns das sorgenfreie Leben suchen und finden. Mach dir weniger Gedanken über das, was schiefgehen könnte, wovor du Angst hast und mach es.

Viele unserer Sorgen, so haben es die Wissenschaftler herausgefunden, passieren doch gar nicht. Und dann?

Umsonst gefürchtet und Angst gehabt. Einen Selbsterhaltungstrieb haben wir alle.

Den beachten wir und hören in Zukunft einfach mal öfters darauf, was uns unser Bauchgefühl empfiehlt.

#48 GLÜCKLICH ZU SEIN IST KEIN ZIEL, SONDERN EINE REISE

Im Buddhismus wird gesagt, dass das Glück nur im Jetzt zu suchen ist und nicht in der Zukunft.

Und wenn man sich etwas Zeit nimmt und darüber nachdenkt, fällt einem doch etwas auf. Viele sind auf der Suche nach dem Glück.

Und es liegt oft in der Zukunft. Aber das kann doch gar nicht richtig sein. Viele sagen, wenn ich erwachsen bin, dann kann ich alles machen was ich will und dann bin ich glücklich....

Oder, wenn ich endlich den tollen Job habe. Oder, wenn ich im eigenen Haus wohne. Oder, wenn ich verheiratet bin. Oder, wenn ich mir das gekauft habe.

Aber leider wirst du dadurch wohl nicht glücklicher, sondern du bist ständig auf der Suche und verschiebst damit dein Glück in die (unerreichbare) Zukunft.

So richtig befriedigend hört sich das wohl nicht an. Schalte doch einfach immer öfters mal vom

„Ich will da und da hin" in den sein-modus. Also ins Jetzt.

Ich glaube, da haben die Buddhisten sehr recht mit ihren Gedanken, dass das Glück gar nicht in der Zukunft liegen kann. Weil das, was uns glücklich macht im Jetzt liegt, im bewussten Jetzt.

Also versuchen wir es doch einfach und leben im Jetzt. *Und was meinst du, wie gelingt das?*

Indem wir immer schneller werden? E-Mails innerhalb von Sekunden beantworten, immer erreichbar sind, schnelles Lesen beherrschen oder...

Meinst du nicht auch, dass sich das wieder nach „wenn,... dann..." anhört und die Lösung eine ganz andere ist.

Viel eher: Genieße den Moment, sei ganz im hier und jetzt, sei mit dir im Reinen, gehe achtsam mit dir selbst und deinem Umfeld um.

Wie wäre es denn, wenn wir uns etwas verlangsamen? Einfach mal das Ganze etwas

gemütlicher machen á la Dschungelbuch-
Weisheit: „Versuchs mal mit Gemütlichkeit".
Ein Versuch ist es doch allemal wert.

Es gibt wichtigeres im Leben, als beständig das
Tempo zu erhöhen, sagte hingegen Mahatma
Gandhi.

Und das gelingt uns doch am Besten, wenn wir
zwischendurch immer wieder innehalten,
bewusst zurück treten und den Moment erleben.

Dazu ein kleiner Tipp:

Das Passwort für das Leben heißt „Humor".

Weißt du noch, damals als Kind warst du einfach
glücklich – ohne wenn und aber.

Abraham Lincoln sagte bereits „Die meisten
Menschen sind so glücklich, wie sie es sich
vorgenommen haben zu sein".

Was lernen wir daraus?

Es muss für mich selbstverständlich sein, das ich
glücklich sein will. Wenn ich es mir nicht
vorstellen kann, wird es mir wohl nicht gelingen.

So einfach soll das sein? Ja, so einfach ist das.

Abschließend noch ein Zitat von Ludwig Feuerbach:

„Deine erste Pflicht ist es, dich selber glücklich zu machen. Erst wenn du glücklich bist, kannst du andere glücklich machen."

#49 NUTZE DEINE CHANCEN

Stell dir mal vor, dass du in einem Tagungsraum bist. Vorne steht ein Referent, 50 Zuhörer, alle sind schick angezogen und es herrscht eine entspannte Atmosphäre.

Der Referent, nennen wir ihn Harald, erzählt eine nette Geschichte, alle lachen, alles gut.

Er erzählt, dass man auf einem Schatz sitze, man müsse nur seinen Hintern bewegen.

„Sehr motivierend, ja ja." denken sich viele der Zuhörer. „Man muss halt seinen Hintern bewegen um erfolgreich zu sein. Na klar."

Aber Harald sagt das immer wieder:
„Ihr müsst euch bewegen, um an den Schatz zu kommen". Und nochmal und nochmal.

Ratlose Gesichter, unsicheres lächeln. Langsam fragen sich die Ersten, was der Quatsch soll?
Wir haben es doch langsam alle kapiert.

Der Kerl im Anzug besteht jedoch förmlich darauf, dass man sich gefälligst bewegen soll, um seinen Schatz zu finden. Langsam werden die ersten mehr als ungeduldig, bis der erste aufsteht und nein, nicht geht, sondern einfach mal unter seinem Stuhl nachguckt und dabei feststellt: Da hat jemand mit Tesafilm einen Dollar festgeklebt.

Großes Gelächter, weil sich die meisten ertappt fühlen, bis der nächste jetzt unter seinem Stuhl nachschaut und nacheinander stellen alle Teilnehmer fest, unter jedem Stuhl klebt ein Dollar.

Manche haben das erste Mal einen Ein-Dollar-Schein in der Hand und freuen sich darüber, anderen bemerken schon, dass so ein Dollar nur ca. ein Euro wert ist.

Aber egal, alle sind belustigt, alle freuen sich und meinen „Ha, ich habe die Lektion gelernt, Hintern bewegen, schon kommen die Dollars zu mir geflogen – *wenn auch hier geklebt*".

Tja, lustige Geschichte, oder?
Nachdem alle wieder sitzen und weiter lachen, widmen sie sich wieder ihrem Trainer, der auf der Bühne steht und die Teilnehmer frech angrinst.

Alle freuen sich weiter, bis zu dem Moment, wo der Trainer Harald ein besorgtes Gesicht macht und sagt: „So, das Spiel ist vorbei! Jeder hat seinen Dollar bekommen und hat sich darüber gefreut. Jeder denkt, er hat die Lektion gelernt und ist einen Dollar reicher.

Mit einem freundlichen Lächeln spricht er weiter: „Liebe Freunde, nachdem ich euch mehrfach darauf hingewiesen habe, dass jeder auf seinem Schatz sitzt und er nur seinen Hintern bewegen muss, um ihn zu entdecken, hat jeder einen kleinen Schatz gefunden.
Nun, sagen wir lieber einen ganz kleinen Schatz, mehr ein Schätzchen.

Und damit wart ihr dann zufrieden. Wenn ich euch jetzt aber sage, dass leider keiner den großen Schatz gefunden hat, dann seid ihr wohl enttäuscht. Ich möchte nochmals darauf hinweisen, dass das Spiel jetzt vorbei ist.

Jetzt kann ich euch ja sagen, unter einem der Stühle, ganz versteckt, in einer kleinen Ritze, war ein zusammen geknüllter 500-Dollar Schein. Keiner hat ihn gesehen oder gefunden."

Traurige, betroffene Gesichter allerseits.

Gute Stimmung mit einem Schlag dahin. Luft raus. Kommen wir jetzt zu dem ganz Wichtigem:

Was macht das jetzt mit dir?

Was meinst du, wann waren die Teilnehmer glücklich? Als sie den einen Dollar fanden oder als sie erfuhren, dass da ein 500 Dollar Schein noch versteckt war und vielleicht saßen sie ja darauf und hätten ihn bekommen?

Ich kann mir vorstellen, dass manche, wenn nicht sogar alle, grenzenlos enttäuscht waren und weiterhin kann ich mir vorstellen, dass sich auch manche furchtbar geärgert haben.

Was denkst du jetzt?

Denkst du „Haha, die Idioten, hätten sie doch besser nachgeguckt"? Oder denkst du „Was für ein gemeiner Harald?" Oder lachst du über die anderen und über dich selbst.

Ich war bei diesem Training live dabei und ich habe alle drei Zustände live durchlebt. Aber zum Schluss habe ich gelacht, auch über mich selbst und über diesen einen Dollar gefreut, den ich übrigens immer noch habe.

Lasst uns jetzt nicht weiter darüber philosophieren; in dieser kleinen Geschichte ist alles drin und jeder findet hier seine eigene Lösung und Erfahrung draus. Wichtig ist, was du daraus lernst.

Freust du dich über den einen Dollar oder nur über den 500er?
Bewegst du deinen Hintern für Geld?
Bewegst du deinen Hintern sogar nur für Geld?
Schaust du jetzt noch genauer hin, wenn sich die Gelegenheit ergibt?
Suchst du nach dem Haken oder dem Haar in der Suppe, wenn du vielleicht einfach dafür dankbar sein solltest, einen Teller Suppe zu haben?

Denn zum Schluss müssen wir uns alle nur 3 Fragen stellen:

1. WILL ich das wirklich?

2. Will ICH das wirklich?

3. Will ich DAS wirklich?

Dein Glück, was du suchst, kann ja überall sein.

Es ist bereits in dir und wartet vielleicht auch nur darauf, raus zu kommen, um etwas mit dir zu spielen.

Du musst es nur annehmen.

Und das kann auch mal nur ein Dollar sein oder eine lustige Geschichte, die dich vielleicht etwas nachdenklicher macht, oder, oder, oder.

Schau doch mal selbst nach, in deiner kleinen Welt, was sich da für lustige, kleine Geschichten verstecken.

#50 BLEIBE ACHTSAM

Folgende Situation: Du fährst mit dem Bus immer an der gleichen Stelle vorbei und irgendwann fällt dir ein Haus auf, was anscheinend nicht mehr bewohnt ist.

Erst fällt dir vielleicht auf, dass die Werbung vor der Türe nicht mehr weggeräumt wird und einfach liegen bleibt. Sie wird nass, fliegt durch die Gegend.

Und wie geht es dann weiter? Erst die Werbung, dann liegen immer mehr Blätter, Äste und mehr Müll vor dem Haus rum. Und dann passiert irgendwann etwas Blödes. Zufall oder Absicht, irgendwann ist ein Fenster kaputt.

Vielleicht hat es jemand eingeschmissen, oder es war der Wind. Wer weiß es schon genau.
Und dann das zweite, dann das dritte und dann sind auf einmal hässliche Graffiti an den Wänden. Jetzt sieht es richtig verwahrlost aus und Irgendwann wohnen nur noch Mäuse und Ratten in dem Haus.

Es ist ja so, wenn es einmal anfängt und es niemand stoppt, dann bleibt es nicht nur bei einem kaputten Fenster, sondern auf einmal ist es ganz vorbei und vollkommen hoffnungslos.

Was hat das jetzt mit deinem Glück zu tun? Wenn du ein wenig darüber nachdenkst, weißt du es von ganz alleine.

Lass es nicht zu, dass es dir zu lange schlecht geht. Wirke dem direkt entgegen und handle! Geh spazieren, schaue dir lustige Filme an, treffe dich mit lieben Freunden – mach was gegen die schlechte Laune!

Lass dir nicht von irgendwelchen Idioten das Leben schlecht machen!

Es ist ein schleichender Prozess und dem solltest du direkt entgegenwirken.

Pass also darauf, dass du keine zerbrochenen Fenster in deiner Seele zulässt.

#51 NIMM DICH NICHT ZU WICHTIG

Glaubst du, du bist der Nabel der Welt?
Der, ohne den gar nichts geht? Ha, sagt wer?

Wenn du mit so etwas ein Problem hast, dann
habe ich da eine Lösung für dich. Nimm dich
nicht so wichtig. Wem willst du denn überhaupt
etwas beweisen? Dir selbst?
Musst du ja gar nicht.

Trete gedanklich einen Schritt zurück und gib
dadurch auch den anderen die Chance, einen
Fehler zu machen.

Also entspann dich, lehne dich im wahrsten
Sinne des Wortes etwas zurück.
Bleibst du entspannt, wird dein Pulsschlag
sinken und wahrscheinlich lebst du sogar länger
gesund. Erscheint dir dieses Ziel schon
erstrebenswert?

Wenn ja, dann sollten wir etwas daran arbeiten.
Machst du mit? Nun, dann starten wir mit
einem Beispiel aus meinem Leben.

Ich habe letzte Woche eine gute Freundin per
WhatsApp angeschrieben, fragte, wie es ihr so

geht, was sie so macht usw. Dann habe ich nachgefragt, was sie davon hält, wenn wir dieses Wochenende mal wieder etwas zusammen unternehmen.

Als Antwort kam dann:
„Och, lass uns da mal spontan bleiben."

Ok... Dann habe ich Freitag mal kurz nachgefragt, „Wie sieht's aus mit Sonntag, sollen wir da schön etwas spazieren gehen? Wetter Bombe, nicht zu heiß, nicht zu kalt, also genau richtig."

Die Antwort ließ nicht lange auf sich warten:
„Nö, im Moment bin ich lieber mit mir alleine..."

Tja, da kann ich ehrlich gesagt gar nix mit anfangen. Heute kam dann noch mal ein kleiner Nachschlag: „Mir geht's gut, ich habe meinen Tag ohne Kommunikation bis jetzt sehr genossen".

Hm, auch damit konnte ich nun ganz und gar nichts anfangen. Was soll mir das sagen? Also erstmal nix... Und nun?
Ich weiß, dass sie nicht die einzige Frau auf der Welt ist, und ich glaube, sie weiß das auch.

Nun, wenn wir jetzt mal davon ausgehen, dass es mehr als ein/zwei potentielle Partnerinnen geben wird, ist das doch jetzt doof.

Also, wie ich oben schon beschrieben habe, kann ich mit so etwas nix anfangen. Was soll es mir sagen? Erwartet sie von mir, dass ich mich mehr um sie kümmere? Soll das heißen, ich soll sie in Ruhe lassen? Soll das heißen, „Im Moment ist alles doof, nimm mich in den Arm?", oder heißt das einfach, ich stehe nicht auf dich?

Also ich weiß es nicht. Was wäre denn schöner? Das mag ja für jeden etwas anders aussehen, aber reicht es nicht auch, wenn wir vernünftig miteinander umgehen?

Kein neuer Partner kann etwas dafür, was dir jemand anderes in der Vergangenheit angetan hat. Und außerdem, Gedankenlesen können die wenigsten.

Nun, kommen wir zurück zu Thema.
Ich lerne dich kennen, wir sind beide auf der Suche nach einer Beziehung, bzw. sind bereit dafür. Vielleicht sind wir uns auch sympathisch.
Ja, auch das hilft.

Wir unterhalten uns, können über die Späße des anderen lachen, verabreden uns erneut, alles ok.

2. Treffen. Wir unterhalten uns, können über die Späße des anderen lachen, verabreden uns erneut.

3. Treffen. Wir unterhalten uns und vielleicht passiert ja dann auch etwas mehr. Und nur mal so angenommen, es gefällt uns und wir sehen uns weiterhin. Und jetzt wird es dann doch etwas komplizierter. Stellen wir uns nun dem Umfeld, der Familie, den Kinder und Eltern vor? Oder passiert es eher so:

„Hm, ob das jetzt so der Richtige ist? Vielleicht will ich das ja doch gar nicht so richtig. Vielleicht gibt es ja noch jemand noch Besserem. Nicht, dass er mich enttäuscht, so wie die Anderen. Na, da ziehe ich mich doch lieber erst mal zurück. Nicht, dass er denkt, ich wäre verliebt, oder es wäre mir ernst. Oder es bedeutet mir etwas. Man muss als Frau ja Geheimnisvoll bleiben..."

NEIN, musst du nicht. Voll der Quatsch! Mach dir doch nicht zu viele Sorgen oder Gedanken!

Denn wenn er ein Arsch ist, änderst du eh nichts dran, und wenn es der Richtige für dich ist, bist du auf dem besten Weg ihn los zu werden.
Weil, siehe oben, Männer sind doch ziemlich einfach strukturiert.

Also, vergiss deine Vermutungen fürs erste.
Sei lieber so, wie du wirklich bist, anstatt eine Rolle zu spielen. Und wenn du toll bist und er das nicht erkennt, dann hat er dich eh nicht verdient!

Außerdem ist es doch so:

Es macht dein Leben viel leichter, wenn du nicht in deinen komischen Vorannahmen hängen bleibst.

#52 WERDE ZUM GLÜCKSKIND

Fühlst du dich als Glückskind?
Falls nein, wärst du denn gerne eines oder kennst du vielleicht so eines? So jemanden, bei dem alles immer so glatt läuft? Der, die, das nie und ich meine echt nie, also wirklich niemals Pech hat? Jemanden, dem das Marmeladenbrot nie auf die Marmeladenseite fällt?

Nun, wie dem auch sei, könntest du diesen Menschen denn überhaupt gut leiden und willst du diese Person gerne in deiner Nähe haben? Jemandem, dem das Glück so einfach zufällt...

Mich erinnert das immer etwas an die Kindheit meiner Kinder, als sie mit ihrer Nase fast dauerhaft in *Lustigen Taschenbüchern* gesteckt haben. In den Geschichten kam ab und zu ein Charakter mit dem Namen *Gustav Gans* vor, der ein geborener Glückspilz ist.

War der denn bei allen beliebt?

Ich müsste nochmals nachschauen, aber ich vermute eher nicht. Vielleicht beneidet, aber nicht beliebt. *Donald Duck* konnte ihn zumindest nie leiden.

Aber zurück zur Geschichte.

Wenn ich daran denke, wie ich meiner Ex-
Freundin immer auf die Nerven gegangen bin,
alleine dadurch, dass ich morgens bereits nach
dem Aufstehen gut gelaunt war – selbst vor dem
ersten Kaffee, einfach glücklich war. Das war
wohl echt nicht so leicht für sie.

So, und jetzt müssen wir etwas klären:
Ist es das Glück, Glück zu haben und glücklich zu
sein? Oder geht das Eine auch ohne das Andere?

Also in meiner Welt sieht das so aus:
Glück haben kann ein Zufall sein, also z.B. das
Glück im Lotto zu gewinnen. So richtig die dicke
Kohle zu bekommen.
Ist ja auch eine schöne Vorstellung plötzlich
Millionen von Euro auf dem Konto zu haben und
dann Sorgenfrei zu sein.

Aber erst dann?

Einmalig Glück zu haben kann ja schön sein,
aber ist es nicht vielleicht doch etwas besser,
wenn du das beeinflussen könntest?
Also selbst für dein Glück sorgen kannst – *ganz
ohne Lottogewinn*!

Auf jeden Fall. Selbst für das eigene Glück sorgen, unabhängig von dem sein, was so in der Welt um uns herum passiert.

Und das ohne Unmengen von Schokolade oder anderen bewusstseinsverändernden Drogen. Toller Gedanke. Aber ist ein Leben ohne Schokolade, überhaupt ein Leben?

Es kann klappen, denn Glück fängt doch schon in vielen Kleinigkeiten an.

Muss es denn überhaupt die tollste Wohnungseinrichtung sein, der coolste Schlitten vor der Türe, die glänzendsten Haare, der schönste Urlaub oder...?

Klar, ist das wahrscheinlich schon schön, aber auch erreichbar? Für jeden? Ist nicht manchmal eher Bescheidenheit angesagt? Mit dem zufrieden sein, was man hat?

Für mein Glücklichsein kann ich etwas tun, selbst etwas tun, es dadurch steuern und beeinflussen – Okay, ich merke, ich wiederhole mich etwas.

Aber genau darum geht es doch.

Wenn ich mir darüber klar bin, was mich alles glücklich macht und machen kann, dann kann ich doch auch selbst dafür sorgen, dass mir mehr davon passiert.

Also, dann schreib dir jetzt mal eine Liste an Dingen und Situationen auf, die dich glücklich machen.

Wieder einmal auf das berühmte Blatt Papier.

Unterteile deine Liste dann auch in verschiedene Bereiche

- Was dich ein wenig glücklich macht,...
- Was dich riesig glücklich macht,...
- Was dich höchstwahrscheinlich glücklich machen würde,...
- Was dich alltäglich glücklich macht,...

Mal Smileys darauf, vielleicht in verschiedenen Farben, und und und!

Deiner Kreativität sind hier keine Grenzen gesetzt.

Und wenn dir für die Liste die Inspiration fehlt, denk doch auch mal über Kleinigkeiten nach.

Die können nämlich auch für richtig viel Glück sorgen.

Die Sonne scheint, heute ist Samstag, meine Wohnung ist schon geputzt, ich habe eine Zahnbürste zum Zähneputzen, ich lebe, ich liebe, ich lache und noch vieles mehr.

Fangen wir doch erstmal ganz einfach und klein an, um uns dann anderen, größeren Dingen zuzuwenden.

FAZIT

So, das war's.
Du hast jetzt 52 Ideen, die dir dabei helfen
können deinem persönlichen Glück näher zu
kommen?

Mach bitte das beste daraus! Viel Glück!

– Guido

P.S.: Schau auch auf meinem Blog vorbei, um
mehr zum Thema Glück zu lesen.
www.hells-coaching.de/blog/

Printed in Great Britain
by Amazon